당신의 때가 있다

당신의 때가 있다

자연순환운명학 1

호호당 김태규 지음

더메이커

머리말

인생과 운명의 사계절

오늘날 우리는 무한경쟁 속에서 살아가고 있습니다. 앞선 자는 뒷사람에게 추월당할 것 같아 조바심을 내고 있고, 뒤처진 자는 열등감에 휩싸인 채 힘겨워하고 있습니다. 그렇기에 승패와 우열을 떠나 그 누구도 행복하지 않은 불행한 사회가 바로 우리 대한민국이 아닌가 합니다.

하지만 이 책을 읽고 나면 영원한 승자도 영원한 패자도 없다는 것을 알게 될 것입니다. 저마다 처한 운명의 계절이 다를 뿐이라는 것을 알게 될 것입니다.

'지금 한창 잘 나가고 있는 이'는 운명의 가을을 보내고 있다고 여기면 됩니다. 가을은 수확의 계절이기 때문입니다. 반대로 '지금 바닥에서 힘겨운 시간들을 보내고 있는 이'가 있다면 그건 그 사람이 운명의 봄을 보내고 있다고 여기면 틀리지 않을 것입니다. 봄은 힘든 창조의 계절이기 때문입니다.

이처럼 모든 사람이 2015년이란 같은 시간대를 살아가고 있어도 저마다의 계절은 다릅니다. 현재 운명의 가을을 보내고 있는 이는 승자처럼 보이는 것이고, 반대로 운명의 봄을 보내고 있는 이는 패자처럼 보일 따름이라는 것을 이 책을 통해 충분히 이해할 수 있게 될 것입니다.

이 책은 권유의 흔한 덕담처럼 "한 번 읽어볼 것을 권하는 책"이 아닙니다. 그렇다고 무조건 읽고 또 읽어 보라는 책도 아닙니다. 그냥 편한 마음으로 한 번 읽고 나면 절로 또 읽게 될 것이고 그러고 나면 어느새 또 다시 읽게 될 책입니다.

책 속의 말은 쉽지만 담긴 내용은 무척이나 넓고 깊습니다. 물론 처음부터 넓고 깊은 것을 느끼긴 어렵겠지만 시간이 지나면 문득문

듯 또 다시 이 책을 펼쳐보고 있는 스스로를 발견하게 될 것입니다.

이 책은 삶과 운명과 세상의 가려져 있는, 쉽게 드러나지 않는 것을 말하고 있습니다. 여러분은 이 책을 한 번 읽고 나면 어떤 무언가를 감지하게 될 것입니다. 그러나 그것이 전부가 아닙니다. 또 읽어보면 또 다른 무언가를 알게 될 것입니다. 그렇게 해나가다 보면 마침내 어느 순간 전혀 다른 차원의 새로운 어떤 것이 눈을 밝혀줄 것입니다.

이 책은 삶과 운명, 세상과 시간의 비밀에 대해 얘기하고 있습니다. 하지만 실은 이것이 이 책의 목적은 아닙니다. 이 책의 진정한 의도는 '우리의 저마다의 삶이 알고 나면 대단한 놀라움으로 가득 찬 그 무엇'이라는 것을 여러분과 함께 이야기하는 데 있습니다.

사람들은 저마다 각자의 미래에 대해 많은 기대를 간직하고 살아가지만 동시에 그에 못하지 않게 많은 두려움도 안고 살아갑니다. 기대라는 것은 언제나 걱정이나 두려움과 동행하는 법이기 때문입니다. 때로는 기대보다 두려움이 더 커질 때도 있는 것 같습니다. 그렇다면 삶은 두려운 그 무엇이 될 수도 있을 것입니다.

하지만 이 책을 읽고 나면 우리는 우리에게 주어진 삶과 세월 혹은 미래의 시간에 대해 전혀 두려워할 어떤 이유도 없다는 것을 알게 될 것입니다. 더 나아가 주어진 저마다의 삶을 오로지 맘껏 누리면 된다는 것을 알게 될 것입니다.

바로 이 대목이야말로 이 책의 진정한 목적이라 하겠습니다.

제가 삶과 운명, 세상과 시간 속에 담긴 비밀의 법칙을 찾아 나선 것은 아주 오래 전의 일입니다. 1982년의 어느 날이었던 것으로 기억합니다. 그리고 30년이 흘러 2012년의 어느 날에 이르러 마침내 그 전체 모습을 알게 되었습니다.

27세의 나이에 우연찮은 계기에 시작한 탐구의 여정이 57세가 되어서야 간신히 마칠 수 있었으니 반평생이 흘러간 셈입니다. 하지만 돌이켜보건대 참으로 즐겁기 그지없는 지적 탐험으로 가득한 여행이었기에 한 점의 아쉬움도 없습니다.

사람은 뭔가를 알고 나면 말하고 싶어지고 쓰고 싶어지는가 봅니다. 저도 그런 사람입니다. 이에 2009년 봄부터 〈희희락락 호호당〉(www.hohodang.com)이란 블로그를 개설하고 그간 열심히 글을 올려왔습니다. 블로그의 '프리스타일'이란 항목 속에 실로 무수한 글들이 올라가 있습니다. 이 책에 실린 글들은 2009년부터 6년간에 걸쳐 올린 1,361개의 글 중에서 '인생과 운명의 사계절'이란 주제 하에 간추리고 새롭게 정리한 글들입니다.

언젠가 삶과 운명, 세상과 시간 속에 숨겨져 있는 심오하고도 철저한 법칙에 관해 그 전체의 모습을 밝히는 책을 써서 독자들에게 공개할 것을 약속드립니다.

2015. 07.
호호당 김태규

차례

3장. 봄

봄은 절로 와도 절로 피는 꽃은 없다

4장. 여름

성공하는 사람은 테마를 가지고 간다

7장. 인생의 여정

지금 나는 어디쯤 가고 있을까

8장. 행복

행복해지는 연습

당신의
때가 있었다

1장. 운명

타고난 운명이 있는가

"당신 하고픈 대로 선택하라.

그러면 당신은 주어진 운명대로 살게 될 것이다."

운에는 우연이 없다

"우연한 계기에 어떤 일을 하게 되었고 그것이 발판이 되어 성공했다"는 이야기를 자주 들어보았을 것이다. 이런 말을 들으면 사람들은 '아, 운이란 게 정말 있구나!'라고 생각하게 된다.

그러나 그것은 운이란 것을 모르기에 그렇게 생각하는 것이다. 어떤 계기가 우연히 찾아온 것 같지만 사실 그것은 우연이 아니다. 그것은 그저 우연처럼 보이는 필연일 뿐이다.

운(運)이란 것이 우연적이라면 운명의 길은 정해져 있지 않아야 논리적으로 타당하다. 우연적인 요소가 작용한다면 그로 인해 우리의 운명은 들쭉날쭉할 것이니, 그렇다면 운이란 것 그리고 운명이란 것을 믿거나 받아들인 이유가 하등 없다.

그와 반대로 운이란 것을 하나의 필연적인 흐름으로 받아들일 때만 '운명은 정해져 있다'는 말도 성립될 수 있다. 그렇다면 우연이란 요소는 우리가 고려할 것이 아니게 된다. 나아가서 운을 하나의 필연적인 과정으로 받아들일 때만이 우리는 운명을 긍정할 수 있게 된다.

나는 우연이란 요소를 아예 인정하지 않는다. 삶의 길에서 생겨나는 모든 일은 필연이다. 운명은 내가 매일 대하는 눈앞의 일상이고, 나는 그것을 무수히 검증해왔다. 우연처럼 보이는 일을 분해하고 분석하면 그속에는 필연적인 요소들이 교묘하게 결합되어 있다는 것을 알 수 있다. 나는 '운의 우연성'을 전혀 인정하지 않는다. 약간 묘하게 들릴지도 모르지만 사실이 그렇다.

운이란 무엇인가?

아주 간단하다. 너무나도 간단하다. 그러니 굳이 무엇에 빗대어 설명할 것조차 없다. 운이란 그저 사시사철, 봄과 여름, 가을과 겨울의 순차적 순환을 일컫는 것에 지나지 않는다. 그 순환은 60년에 걸쳐 그리고 60개월에 걸쳐, 또 60일에 걸쳐, 더 작게는 60시진(5일)에 걸쳐 부단히 질서정연하게 움직여갈 뿐이다. 이런 질서정연한 움직임이 운이고 순환이니, 거기에는 우연이 없다. (더 큰 순환의 주기도 있고 더 미세한 주기도 있지만, 우리는 삶에서 그런 것들은 인지하지도 못하고 인지할 필요도 없다.)

가을에서 봄으로 건너 뛰는 것을 본 적 있는가? 반드시 겨울을 지나야만 봄이 오는 것이니 여기에 '점프'는 없다. 이처럼 운에는 우연이 없다.

그렇다면 사람들이 우연이라 말하는 것은 과연 무엇일까?

봄이 되었지만 봄의 날씨는 여전히 쌀쌀하다. 그러다가 어느 날 문득 갑자기 훈풍이 불어오고 그로부터 며칠 지나지 않아 꽃이 핀다. 이때 꽃이 피어난 것을 두고 사람들은 '우연히' 꽃이 피었다고 말한다.

그러나 그 꽃이 우연히 피었는가? 겨우내 준비해온 꽃이 때가 되어 피어난 것이니 그것은 필연의 모습일 뿐이다. 엊저녁만 해도 존재하지 않던 꽃이 아침에 일어나보니 만개했다고 해서 그게 우연은 아닌 것이다.

꽃에 대해 좀 아는 사람이라면 꽃망울을 보고서 조만간 꽃이 피어날 것이라는 것을 안다. 그런데 꽃망울을 본 적이 없는 사람이라면 망울을 대하고도 곧 꽃이 피어날 것이란 것을 모를 것이니 이런 사람의 눈에 꽃은 문득 우연히 피어나는 것으로 보일 것이다.

운이란 이처럼 우연이 아니다

날씨는 여전히 쌀쌀하지만 꽃은 결국 피어날 때에 가서 피어나는 것이니, 이건 필연이다. 물론 계절이 차례로 순차적으로 옮겨가는 것에 있어 약간의 빠르고 늦음의 변동이야 있기는 하다. 그러나 기본에 있어 우연은 없다. (그 약간의 빠르고 늦음마저도 실은 타고난 명(命)에 따라 이미 정해져 있다.) 다만 어떤 사람의 눈에는 운명의 계절이 보이지 않고, 어떤 사람의 눈에는 운명의 계절이 보이는 것일 뿐이다.

운이 필연적인 흐름이라는 것과 더불어 또 한 가지 중요한 점이 있다. 한 송이 꽃이 피어날 수 있으려면, 꽃 스스로의 의지와 노력이야 말할 것도 없이 당연하고 여기에 하늘과 땅의 도움도 있어야 한다는 사실이다. 봄꽃이 피어나려면 하늘이 온화해져야 하고 땅도 도와야 한다. 이것을 두고 '운이 순조롭다'고 한다. 그리고 때가 되면 하늘은 냉랭해지고 땅은 말라붙으니 이를 두고 '운이 부조(不調)하다'고 말한다. 그러나 사실은 운이 가을에서 겨울로 가는 것에 지나지 않는다.

이제 얘기를 정리해보자.

한해를 통해 봄 여름 가을 겨울의 사계절이 옮겨가는 것은 우연이 아니라 필연의 과정이듯 운의 변화 또한 우연이 아니라 필연의 과정이다. 다만 운의 순환에는 여러 층차가 있어 60년을 하나의 주기로 하는 것과 60개월을 하나의 주기로 하는 것, 더 짧게는 60일 그리고 5일을 주기로 하는 것이 함께 진행되는 까닭에 우연처럼 느껴지는 것뿐이다.

또 한 가지 중요한 대목은 기본적으로 운에는 순조로운 운도 또 부조(不調)한 운도 없다는 사실이다. 겨울은 만물이 시드는 계절이지만 그렇다고 해서 겨울이 나쁜 계절은 아닌 것이고, 만물이 성장하여 수확을 보는 계절이라 해서 가을이 꼭 좋은 계절이라 말할 순 없다는 점이다. 사계절 모두 저마다의 역할이 있을 뿐이고, 사람의 운과 그 변화에 있어서도 저마다의 일이 있을 뿐이다.

운은 필연이고 또 거기에 좋고 나쁨, 즉 호불호는 없다.

운이란 무엇이며
또 명이란 무엇일까?

운이란 자연의 사계절이다

운(運)이란 무엇인가? 그것은 자연(自然)의 사계절이다. 우리가 해마다 늘 보고 겪는 봄과 여름, 가을 그리고 겨울의 사계절이다.

봄은 아무 것도 없는 계절이다. 아무 것도 없기에 무언가를 만들어내야 하는 계절이다. 무(無)에서 유(有)를 만들어내야 하니 창조의 때이고 고통으로 가득한 계절이다. 창조는 고통을 동반한다.

여름은 봄 동안에 창조되고 만들어진 미미(微微)한 그 무엇이 구체화되는 계절이다. 소(小)에서 대(大)로 발달하고 성장하는 때이니, 야망의 계절이다. 야망은 배고픔과 동행한다.

가을은 여름 동안 쉬지 않고 자라난 그 무엇이 이제 결실을 보는 수확의 때이다. 따라서 풍요의 계절이다. 또 그 풍요로움 속에서 어느덧 자만의 그림자가 스며든다.

겨울은 사라지고 비워지는 때이다. 죽을 자는 죽을 것이고 쉴 자는 쉴 것이다. 한해의 일을 마쳤으니 쉬어야 하는 휴지(休止)의 계절이다. 가을에 거둔 것으로 지내면서 사색에 빠져드는 계절이다. 열정과 야망은 사라지고 되새겨보고 또 회의하게 된다.

운은 크게는 25,920년을 하나의 주기로 순환한다. 따라서 6,480년을 하나의 계절로 해서 변화해간다. 현재 인류의 문명은 여름 아니면 가을을 보내고 있을 것으로 생각되지만 나로선 검증해볼 길이 없다. 추론의 영역에 머문다.

그 다음으론 2,160년을 하나의 주기로 하는 순환이 있다. 따라서 540년을 하나의 계절로 한다. 이것에 대해선 어느 정도 검증과 확인이 가능하다. 하지만 검증보다는 여전히 추론의 영역이 더 크다.

또 360년을 하나의 주기로 하는 순환이 있다. 90년을 하나의 계절로 한다. 360년의 순환은 추론보다 검증의 영역이 더 우세하다. 따라서 과학적 성격을 훨씬 강하게 나타낸다.

가령 우리 대한민국의 국운(國運)은 360년을 한해로 가정했을 경우 여름으로 들어서고 있다. 대한민국은 360년의 흐름 속에선 이제 막 성장의 때에 들어선 것이다.

그 다음으론 60년의 순환이 존재한다. 15년을 하나의 계절로 해서 변화해간다. 이것이 바로 우리들에게 가장 중요한 순환 주기이다. 사람은 대부분 백 년을 살지 못하기 때문이다. 우리나라의 운세를 60년 순환 속에서 보면 내년 2016년이 동지(冬至)가 된다.

그 아래에 60개월과 60일 등의 작은 순환 주기도 있다. 하지만 사람에게 미치는 영향력은 60년 순환 주기에 비해 훨씬 떨어진다.

그렇다면 왜 운(運)이란 것이 존재하는 것일까? 그 근원적인 동력은 무엇일까?

이 점에 대해 설명하자면 약간의 천체물리학적 지식이 필요하다. 크게 두 가지가 원인이다.

하나는 지구의 세차(歲差)운동* 때문이다. 운이란 태양의 주위를 돌고 있는 지구의 축이 23.5도 기울어져 있고 또 23.5도가 고정불변의 것이 아니라 시간을 두고 변동하는 세차운동으로 인해 생겨난다.

또 하나는 지구의 태양 공전 주기가 360일로 정확하게 끊어지지 않고 365.24219878로 이어지는 무한소수인 까닭이다.

이 두 가지 원인 때문에 운(運)이 존재한다.

* 세차운동은 지구 자전축의 기울기가 바뀌게 되는 현상을 말한다. 이것은 마치 회전하는 팽이의 축이 전후좌우로 진동하는 것과 같다.

명이란 부모로부터 물려받은 유전적 기질과 소양이다

그럼 이제 명(命)에 대해 얘기해보자.

명이란 명령을 받았다는 의미이다. 초월적인 존재인 천(天), 즉 하늘로부터 넌 이렇게 살아야 한다는 식의 명을 받았다는 뜻이다. 그러니 오늘날의 관점에서 보면 상당히 이질(異質)적인 표현이다.

나는 명이란 부모로부터 물려받은 유전적 기질과 소양이라 봐도 무방하다는 생각을 한다. 명이란 개개인의 고유한 특성이라는 생각이다.

명을 태어난 연월일시에 따라 60갑자로 표현하면 518,400개에 달한다. 이는 동아시아의 운명학에선 인간의 체질과 특성을 518,400가지로 보고 있다는 의미이기도 하다.

사람 대부분은 색을 12색으로 구분하지만, 좀 예민한 사람은 수백 개의 색을 구분해낼 수 있다. (회색, 그레이에도 50가지가 존재한다는 제목의 영화가 생각난다.) 나는 자연순환운명학 강의에서 사람의 특성을 크게 240개로 분류해서 가르치고 있다. 240개라고 하니 많은 것 같지만, 사실 그것은 운명을 파악할 수 있는 최소한의 출발점이다. (참고로 얘기하면 나는 그간의 연구와 경험을 통해 대략 5만 가지의 개별적 특성까지는 나름 명확하게 구분해서 파악할 수 있게 되었다.)

이제 정리해보자.

운(運)은 수(數)로 표시할 수 있고 또 정의내릴 수도 있기에 나 호호당에겐 엄연한 과학의 영역이다. 30여년의 연구 끝에 자연순환운명학(自然循環運命學)이 하나의 과학으로 성립되었다고 스스로 선언한 바도 있다. 운은 문자 그대로 명증(明證, clear and distinct)한 것이다. 그렇기에 과학이라 선언했다.

그러나 명(命)은 좀 다르다. 명은 앞에서 얘기했듯이 518,400가지가 존재하지만 내가 구분할 수 있는 것은 대략 5만 가지에 지나지 않는다. 이렇듯 명은 나에게 여전히 과학이라기보다는 아트(art)의 영역에 머물고 있다.

따라서 운은 과학(科學)이고 명은 술학(術學)이다. 아직은 그러하다. '명이란 무엇인가?' 하는 그 궁극적 의미를 알아내기까지는 아직 갈 길이 멀다.

생겨난 대로, 있는 그대로 살아간다는 것

"당신 하고픈 대로 선택하라. 그러면 당신은 주어진 운명대로 살게 될 것이다."

오래 전부터 나는 이렇게 말해 왔다. '자유 의지'와 '정해진 운명'이라는 두 명제는 충돌한다는 것이 일반의 통념이지만, 내가 알아내고 눈으로 지켜보아온 삶의 비밀은 전혀 그렇지가 않다.

자유 의지와 정해진 운명 간의 갈등과 충돌이란 구도는 서유럽 사회가 종교로부터 벗어나는 과정에서 만들어낸 이데올로기라는 게 내 생각이다.

"인간은 누군가 정해놓은 대로 살아가는 '객체'가 아니라 자신의 자유로운 의지로 선택해가는 '주체'로 살아야하지 않겠어?" 하는 것이 서구의 이데올로기였다. 그러니 우리가 말하는 '근대화'란 다름 아닌 '주체적으로 사는 것'을 의미한다. 그래서 '주체적으로 살아가는 것'과 '정해진 운명의 길을 가는 것'은 충돌하는 것으로 여기는 것이다.

그러나 그렇지가 않다. '주체적으로 살아가는 까닭에 사람은 정해진 운명의 길을 간다'는 것이 내 결론이니, 이는 그간의 일반화된 통념, 나아가서 서구 근대 이데올로기와 정면으로 부딪친다.

겉의 당신과 내면의 당신

여기 두 개의 당신이 있다고 가정해보자.

하나는 '그냥 당신 또는 겉의 당신'이고 또 하나는 '당신의 내면에 있는 당신'이다. 그리고 당신은 두 개의 당신이 있다는 사실을 인식하지 못한 채 살아간다고 하자.

당신은 매일매일 여러 갈래 길에서 갈등하면서 어렵게 결정을 내린다. 중요한 일이라면 시간을 두고 심사숙고 끝에 결정을 한다. 그런 일을 하는 당신은 겉의 당신이다.

그런데 어떤 경우 전혀 뜻하지 않게 엉뚱한 곳으로 당신의 의지와는 상관없이 길을 가게 된다. 이런 경우 우리는 '이것이 운명인가'라고 느끼곤 한다. 그러나 사실 이 경우 외부의 힘이나 숙명 같은 것이 있어서 당신이 전혀 생각하지도 않았던 길로 접어드는 것이 아니다. 실은 내면에 있는 더 본질적인 당신, 나날이 다양한 뉴스와 소식으로부터 자극을 받아가면서 결정을 내리는 겉의 당신이 아닌, 내면의 당신이 그런 길로 가도록 결정하는 것이다. 우연찮은 길, 엉뚱한 인연이라고 겉의 당신은 느끼겠지만 실은 내면의 본질적인 당신이 선택한 길이다.

그러니 그것은 외부의 힘이나 어떤 누군가가 정해놓은 길이 아니라 내면의 당신이 주체적으로 선택한 길이다. 그렇기에 나는 인생에 있어 우연은 없으며 모든 것이 '우연을 가장한 필연'이라 말하는 것이다.

왜 필연인가?

내가 정했기 때문에 필연이고, 좀 더 정확히 말하면 내면에 있는 내가 정했기 때문에 필연이라 하는 것이다. 더 쉽게 말해보자면, 내가 하고자 했기에 하는 것일 뿐이다. '계기만 주어지면 난 이 길로 가겠어'라고 오래 전부터 이미 정해놓고 있었기에 마치 어느 날 우연히 그 길로 가게 되는 것이다.

운명이란 내면에 존재하는 당신이다

그렇다면 '운명이란 무엇인가'라는 문제로 귀착이 된다. 이 질문에 대한 답은 '그냥 그렇게 생겨먹은 것'이 바로 당신의 운명이라는 것이다. 우리는 우리가 생겨난 대로 살아가는 것이고 이를 운명이라 하는 것인데, 평소의 우리는 스스로가 자신이 생겨먹은 모습을 잘 모르기 때문에 마치 또 다른 힘이 있어서 자신을 생각지도 않은 길로 인도한다는 느낌을 받게 된다.

정리하면 운명이란 '내면에 존재하는 당신'이다. 내면에 존재하는 당신은 태어날 때부터 이미 정해져 있다. 이를 겉의 당신은 인식하지 못하고 있을 뿐이다.

나는 늘 순환에 대해 얘기한다. 60년 주기, 12년 주기 등등 크고 작은 다양한 차원에서의 순환이 존재한다. 우리는 이런 다양한 순환 속에서 살아간다. 이는 봄, 여름, 가을, 겨울의 사계절의 순환과 정확하게 같은 것이다. 우리 내면에 존재하는 또 하나의 우리는 그때를 기다리다가 때가 되면 이윽고 정해놓은 길로 나서는 것이다.

여기서 저마다 존재하는 주기 또는 순환을 운(運)이라 하고, 평소 '겉의 우리'가 잘 인식하지 못하는 '내면의 우리'를 명(命)이라 한다. 이를 합쳐서 운명이라 하는 것이다. 한 해의 순환, 사계절의 순환이 어김이 없듯, 우리의 순환도 어김이 없다. 지극히 치밀하고 또 정교하다. 평소 이런저런 머리를 굴리며 득실을 계산하는 것은 외면의 우리인 것이고, 내면의 우리는 사실 생겨먹은 대로 갈 것인지라 작은 득실이나 계산 같은 것을 넘어서 이미 선택을 내려놓고 있는 것이다.

예로부터 많은 현자들이 '내면의 소리에 귀를 기울여 보라'는 얘기를 자주 해주고 있는데, 이 말은 바로 내면의 본질적인 당신의 소리에 귀를 기우리라는 말이다.

내면의 더 본질적인 나, 이미 생겨먹은 나, 바로 운명의 내가 앞길을 이미 정했으니 계기가 주어지면, 다시 말해 '운때'가 되면 그 길로 조금의 지체도 없이 나서는데, 외면의 우리는 이것을 우연이라 느끼는 것이다.

우리는 살아가면서 어떤 사람을 만났을 때 가끔 '운명적인 만남'이라는 표현을 쓴다. 틀린 말이 아니다. 나는 그 '운명적인 만남'이란 표현을 다른 식으로 표현해보겠다. 그것은 '당신 내면의 당신이 기다려왔기에 예정되었던 만남'이며, 그러니 그것은 '필연적인 만남'이다. 우리가 주어진 운명대로 산다는 것은 생겨먹은 대로 살아간다는 것, 그 이상도 그 이하도 아니다.

'마음껏 선택하라. 그러면 당신은 주어진 운명대로 살게 될 것이다.'

이 말의 뜻을 정확하게 다시 들려주겠다.

외면의 당신이 상황에 따라 자유롭게 마음껏 선택한다고 생각하겠지만, 실은 내면의 본질적인 당신이 이미 생겨먹은 것에 따라서 결정을 내려놓은 것이니, 이에 운명대로 살아가는 것이다.

당신의
때가 있었다

2장. 인생의 사계절

모든
것에는
때가
있다

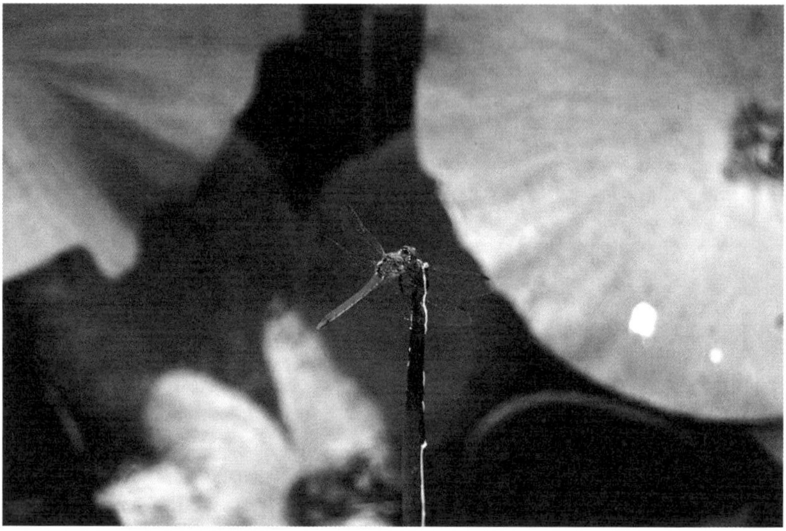

'정말 때가 있는 걸까?'

'나에게도 그때가 오는 걸까?'

'공연히 하는 헛말은 아닐까?'

한 마디로 말하면, '모든 것에는 다 때가 있다'

모든 것에는 다 때가 있다

"모든 것에는 다 때가 있다."

한국인이라면 누구나 한번쯤은 들어본 적이 있을 것이다. 집안 어른이나 연세 지긋하신 분들로부터 주로 이런 얘기를 듣게 된다. 그런 말을 들을 때면 사람들은 으레 이런 생각도 해보게 된다.

'정말 때가 있는 걸까?'
'나에게도 그때가 오는 걸까?'
'공연히 하는 헛말은 아닐까?'
'때란 것이 결국 내가 적극적으로 만들어내야 하는 것은 아닐까?'

‘저분들은 봉건 사회의 잔재가 남아 있던 시절을 사신 분들이니 어쩌면 세상을 수동적으로만 살아오셨는지도 몰라!’

‘삶은 내가 개척하는 것, 세상에 때가 어디 있어!’

‘기다리면 때가 온다고 하지만 과연 온다는 보장이 있냐고.’

한마디로 말하면, '모든 것에는 다 때가 있다'

60년을 사계절로 나누면 한 계절은 15년이다. 봄은 가장 고통스런 회생(回生)의 기간이고, 여름은 소리치고 주장하며 약동하는 야망의 기간이며, 가을은 풍성한 수확의 계절이며, 겨울은 이제 모든 것이 시들어가는 쓸쓸한 계절이다. 저마다의 운명에 따라 그 계절이 달라서 그렇지, 누구나 겪게 마련인 자연의 철저한 순환이다. 그래서 자연(自然)이라 한다.

곡우 무렵에 농부들은 볍씨를 가지고 모판을 만든다. 씨앗을 4월 20일경에 뿌리는 것이다. 그런데 어떤 농부가 1월에 볍씨로 모판을 만들거나 2월에 모를 낸다면 그 모가 과연 자라기나 하겠는가? 냉해를 입어 죽어버리고 말 것이다. 이처럼 농사는 무엇보다도 ‘때의 예술’이다. 품종이 중요하고, 토양도 중요하지만 그에 우선하는 것은 바로 ‘때’인 것이다.

운명(運命, 원래는 명운(命運)이라 한다)에서 명(命)이란 바로 품종을 말한다고 봐도 좋다. 좋은 품종은 풍성하고도 만족스런 수확을 가능케 한다. 머리가 좋은 친구, 노력형인 친구 등등 이런 것들이 타고난 명이고 품종에 해당된다. 집안이 좋은 사람의 경우 토양이 비옥한 것이라 보면 될 것이고.

하지만 제아무리 좋은 품종이고 비옥한 토양이라도 '때' 또는 '철'에 어긋나면 도로아미타불임은 두말 할 나위가 없다 하겠다. 여기서 때 또는 철이 바로 운(運)이다. 운이란 '운동'한다는 것, '변화'한다는 것이니 변하는 것은 시간이고 때이다. 그래서 때가 중요하다는 것이고 또 모든 것은 저마다의 때, 즉 제때가 있다는 것을 어른들이 일러주었던 것이다.

때를 기다리느니 스스로 만든다?

참, 말은 그럴 법하다. 하지만 쉣(shit)!이다. 사실 때를 스스로 만들어내는 경우가 없는 것은 아니다. 농사로 치면 비닐하우스 재배가 일종의 그런 것이다. 하지만 쌀을 비닐하우스에서 재배하는 농부는 없듯이 어디까지나 틈새시장에 불과하다. 틈새시장이란 고수익의 장점이 있지만 매스마켓(mass market)은 아니다.

이처럼 때는 내가 만들어낼 수 있는 것이 아니다. 아무리 재능이 뛰어나고 노력형이고 배경이 좋아도 '때'만은 사람의 영역이 아닌 것이니, 이 점을 아는 것이 바로 지혜이다. 계절의 변화를 만들어내는 것은 인간의 영역이 아님을 알아야 한다.

그렇다고 때만 기다리라는 말은 아니다. 때를 기다리면서 적절한 준비를 하고 있어야 한다. 나에게 한 번의 기회가 주어진다면 그 기회를 꽉 붙잡고 결코 놓치지 않겠다는 각오도 필요하다.

운은 공평(公平)하고 또 무사(無私)하다.

사계절이 순서를 지켜 어김없이 찾아오듯이 누구에게나 좋은 때는 온다. 문제는 때가 왔을 때 준비가 되어 있느냐 하는 점이다. 준비가 충분치 않은 농부라면 파종에서부터 모내기 등등이 부실할 것이고, 김매기도 그럴 것이니 가을에 가서 얻는 수확이 부실할 것은 당연지사 아니겠는가.

준비는 충분한데 때가 오지 않는다?

이 또한 웃기는 얘기다. 준비가 충실하든 충실하지 않든 때는 오기 마련이고, 준비가 충실한 자라면 제때에 어울리는 행동을 할 것이니 좋은 결실로 이어질 것이다.

그러니 때를 만들어내느니 창출하느니 하는 광고 카피 같은 말이나 헛된 조언에 현혹되지 마시길, 그랬다가는 피를 보고서야 깨달음을 얻게 될 것이니. 때를 기다리느라 초조한 마음을 가지느니 그저 열심히 준비하라. 아니면 계절의 풍류를 즐기던가. 그도 아니면 주변의 소중한 사람들과 좋은 시간을 보내는 것이 훨씬 나을 것이다. "세상은 정글이니 약한 놈은 밥이 되도록 되어 있다"는 당치도 않은 유언비어에 신경 쓰지 말고 묵묵히 준비하고 또는 삶을 즐기면서 때를 기다릴 일이다. 이윽고 때가 되면 꽃은 피어날 것이고 잎사귀를 열 것이며 또 마침내 소담한 결실을 거둘 것이니 말이다.

운명의 바닥 또는 저점에 관하여

살다보면 지난 모든 삶을 통틀어 가장 지리멸렬한 때가 있기 마련이다. 이를 두고 나는 운명의 바닥 또는 저점이라 부른다. (물론 그 반대로 운명의 고점도 당연히 있기 마련이다.) 여기서는 이 바닥이 어떤 것이며 그 바닥으로부터 어떻게 일어나게 되는 것인지 또 어떻게 하면 다시 일어날 수 있는 것인지를 얘기해보고자 한다.

30년의 오름과 30년의 내림

세상의 주기는 60년이고 사람 또한 세상과 자연의 일부이니 60년의 주기를 갖는다. 주기가 60년이니 30년의 오름과 30년의 내림을 맞이하게 될 것이다.

그럼 여기에 세칭 '잘 나가는' 젊은이가 있다고 하자. 그러면 그 젊은이의 지나온 성장 과정을 한번 살펴보는 것이 좋다. 성장 과정이 크게 부유한 환경에서 자라지는 않았다 해도 그런대로 평범하고 순탄했다면 그 젊은이는 인생의 어느 시점에서 대단한 시련을 한번 겪도록 되어 있다. 그러나 그 반대로 어린 시절 심적으로 아니면 물질적으로 무척 힘겨운 과정을 지나왔다면 그 젊은이는 속이 다져진 것이고 철이 든 것이니 앞으로 더욱 탄탄대로를 가게 될 것이다. 가령 그 젊은이가 15세 무렵에 바닥을 지났다면 30년이 지난 45세에 절정에 달할 것이다. 그러면 그로부터 15년간은 그런대로 무난하게 살아가다가 15년이 지난 60세 무렵부터 서서히 기울게 되고 20년이 지난 65세부터는 힘들어져서 75세에 또 다시 바닥을 맞이하게 된다. 이 60년의 주기(週期)는 철저하리만큼 엄밀한 규칙성을 갖는다. 예외는 결코 없다.

그렇다면 삼성의 이건희 회장은 재벌의 아들로 태어나 평생 재벌이 아니냐고 반문할 수도 있겠다. 하지만 그건 이건희 회장의 속을 몰라서 하는 얘기일 뿐, 이건희 회장 역시 나름 대단히 힘겨운 때가 있고 바닥점이 있다. 재벌의 아들이든 누구든, 그 처지에서 바닥을 맞이하는 법이고, 이 바닥의 때에 어렵고 힘들다는 점에서 크게 다르지가 않다. 돈이 많다고 해서 인생길이 무조건 쉽고 순탄한 법은 없기 때문이다.

다만 인생 후반이 되어 수양을 많이 쌓은 이는 운세가 내리막길을 가도 별 탈 없이 지낼 수 있다. 원래 세상일은 흐름에 거역하지 않거나 자신의 분수를 알면 하락 길을 가도 큰 탈이 없으니 이 또한 신기한 일이다.

그러나 문제는 인생이 노년에 들기 전까지는 미처 식지 않은 혈기란 것이 있어 하락 운에서도 뭔가 수(數)를 부리려다 되레 큰 낭패를 보기도 한다는 점이다.

자기의 명(命)을 알게 되면, 즉 지명(知命)하는 이라면 오름 길이야 물론 좋을 것이고 하락 길이라 해도 그럭저럭 즐길 수가 있으니 그야말로 '삶의 기술'에 정통한 자라 하겠지만, 그게 말처럼 쉬운 일은 아니다. 부귀와 명리(名利)에 집착하는 자 중에 일찍이 내 그런 사람을 본 적이 없다. 하지만 그렇다고 전혀 없는 것 또한 아니다. 욕심 없는 촌부라면 능히 가능한 일이다. 그러나 오늘날과 같이 돈만 밝히는 대한민국에서, 전국 방방곡곡 부동산 개발업자들이 들쑤셔 놓지 은 곳이 전무하다 보니 욕심 없는 촌부도 실로 드문 세상이긴 하다.

인생의 바닥이 되면 모든 것이 고요해진다

지금 내 처지가 죽을 지경이라 느껴진다면 아직 바닥이 아니라 봐도 된다. 점점 어려워져서 미래가 무서워지고 있다면 역시 바닥에 도달한 것이 아니다. 워낙 일이 풀리지 않아 어디 용한 점쟁이를 찾아가거나 무당을 불러 풀이라도 하고 싶다면 역시 아직 바닥은 멀었다. 죽을 지경이 아니라 죽었다는 생각이 들어야 바닥이 가까운 법이다. 이제 모든 것이 끝이다 싶으면 대충 바닥이 가깝다 봐도 된다.

이제 더 이상 죽을 것도 망할 것도 없으며 더 내려갈 곳도 없어 어디 하소연할 마음도 들지 않을 때가 되면, 그것이 대개 바닥 3년 전이라 보면 된다. 그때가 바로 인생 운명의 가장 추운 때, 즉 대한(大寒)의 때일 가능성이 크다.

바닥이 되면 모든 것이 고요해진다. 쓸 데 없는 것들을 다 내 속에서 밖으로 내다버렸기에 조용하다. 체면도 힘도 돈도 없고, 알고 지내던 사람과도 연락을 끊게 되는 때가 되면, 그것이 바닥이다. 그러나 바닥의 때는 그와 동시에 운명의 새로운 입춘(立春)이니 갱생의 때이기도 하다. 바닥부터는 새로운 삶을 살기 시작하기에 두 번째 삶을 살게 된다고 해도 말이 된다. 다만 죽어보지 않은 자에게 죽음을 알려줄 수 없듯이 바닥을 겪어보지 않은 자에게 그 소감을 일러주기는 실로 어렵다.

어려서 바닥을 지나온 자는 대개 잘 기억을 하지 못하고 그저 어려웠다는 생각만 어렴풋이 가지고 있는 경우가 대부분이다. 그런 자는 힘든 과정을 겪으면서 지니게 된 아픈 상처가 있지만 본인은 의식하지 못하는 경우가 더 많다. 하지만 상처받은 내면 의식에 대한 치료를 반드시 받아야 할 필요가 있다. 성공하고 잘 나가는 사람 중에 인정머리가 없거나 세상에 대한 나름의 이상한 편견을 지닌 사람들이 적지 않다. 이는 어릴 적 바닥을 지나면서 자신도 모르게 지니게 된 부정적

고정관념 때문인 경우가 많으니 치료가 필요하다. 이 또한 자세한 얘기를 필요로 하지만 이 정도로 그치고 바닥에서 어떻게 일어나게 되는지에 대해 진도를 나가보자.

바닥에서 어떻게 다시 일어나는가

운세 바닥의 커다란 특징은 알게 모르게 나름 깊은 성찰과 반성을 하게 된다는 점이다. 이 성찰과 반성은 특히 나이가 더 든 상태에서 맞이할수록 더 진지하다. 살아온 연륜이 있는 까닭이다. 지나온 일들을 되돌아보면서 많은 일들의 성패가 외부 환경에 의해 결정된 것이 아니라 자신에 의해 이루어졌음을 알게 된다. 누구를 탓하고 환경을 탓할 수도 있지만 깊이 생각해보면 스스로 얼마든지 그런 것들을 통제하고 비껴갈 수 있었다는 생각을 하게 되는 것이니, 모든 것이 나 자신에게 문제가 있었음을 알게 된다.

그러나 운세 바닥에서는 문제가 나에게 있었다는 사실 자체는 인정하고 알게 되더라도 그렇다고 해서 장차 어떻게 하면 잘할 수 있을 것인지에 대해서는 또한 막연하고 모호하다. '내가 문제였다'는 것은 알게 되지만, 다시 일어서기 위해 그리고 성공하기 위해 어떻게 하면 되는지 그 방법론에 대해서는 그저 막막하고 모호할 따름인 것이 바닥의 심정이다. 먹고 살아가기 위한 아무런 수단이 보이지 않을 때가 바닥이기 때문이다.

사람은 누구나 이 순간이 닥치면 자신도 모르게 창조적인 생각과 발상을 가지기 시작한다. 자신도 모르고 살았던 내면의 진정한 힘이 발휘되기 시작하는 것이다. 내가 이 세상에 존재하고 존립해야 할 가치를 찾아야 하는 것이고, 그럴 수 있는 가치를 찾아내지 못한다면 이 세상에 존재하고 존립할 수 없다는 사실도 인정하게 된다. 먹고 살아가려면 먹고 살아갈 수 있는 이유와 근거가 있어야 함을 절실하게 느끼게 되는 것이 운명의 바닥점이다.

이처럼 방법까지는 찾아낼 수 없지만 아무튼 나의 존재를 입증해야 한다는 인식이야말로 운명의 바닥에서 다시 일어설 수 있는 근원적이고도 원천적인 동력이 된다.

운명의 바닥에서 다시 일어서는 방법

나는 앞에서 잘은 알 수 없지만 자신이 이렇게 된 것은 세상이나 주변의 탓이 아니라 모든 문제가 결국은 나 자신에게 있었음을 인정하게 되는 것이야말로 운명의 바닥에서 다시 일어설 수 있는 근원적 힘이고 발판이 된다고 말했다. 그렇다면 그런 통찰을 바탕으로 하여 어떻게 다시 일어설 수 있으며 어떻게 일어서게 되는가.

天生我材必有用

중국 당나라 때의 이백(李白)이 남긴 문구 중에 天生我材必有用(천생아재필유용), "하늘이 나를 낳음에 있어 재주도 함께 주셨으니 반드시 쓸모가 있으리라"라는 말이 있다. 이 말은 '다 살아가게 되어 있다'는 말과 같은 맥락이다. 세상에 태어나 존재하는 이는 누구나 이 세상을 살아갈 수 있는 힘을 가지고 있다. 문제는 그 살아갈 수 있는 힘을 어떻게 발휘할 수 있느냐 하는 점이다. 그리고 그 힘을 발휘함에 있어 방해가 되는 것은 다름 아니라 본인 자신일 수 있다는 점이다.

본인이 방해한다니 이 무슨 말인가 하겠지만, 스스로에 대한 기대가 너무 크다 보면 그 기대가 자신 속에 있는 그 살아갈 수 있는 힘이 발현되지 못하도록 가로막기도 하는 것이다. 다시 말해서 스스로의 기대나 포부가 크다 보니 정작 자신이 살아갈 수 있는 진정한 힘과 능력을 본인 스스로가 모르고 있거나 등한시할 때가 많다는 점이다. To be 와 Want to be의 문제라 하겠다.

예를 보면서 핵심으로 들어가 보자.

주변에서 볼 때 저 사람은 음식 만드는 일을 하면 참 잘할 사람 같은데, 정작 본인은 그저 취미로 여길 뿐 식당을 하면 고생도 많고 그다지 내세울 것도 없는 직업이라는 생각에서 관심을 두지 않는 경우가 있다. 그러다가 모든 것이 지리멸렬하게 되어 운명의 바닥에 도달하고 나서야 어쩔 수 없이 그나마 자신이 잘할 수 있는 식당 일을 알아보고 머뭇거리며 시작하게 된다. 그런데 시간이 흐른 훗날에 본인도 상상하지 못한 대성공을 하게 된다. 이 경우는 자신의 진정한 재능 그리고 세상을 살아갈 수 있는 힘을 본인 스스로가 인정하지 않고 되레 가로막고 있었던 케이스라 하겠다.

대부분의 사람은 자신만의 진정한 재능을 살리기보다는 일반적인 사회 기준이나 통념에 따라 직업을 택하고 그로써 살아가고 있다. 단적으로 말해 그런 사람은 성공을 하지 못할 뿐 아니라, 때가 되면 아주 어려운 지경에 처하기도 한다. 왜 그런가? 신명을 다해 열심히 하는 것이 아니라 대충 건성으로 그 일을 할 수밖에 없기 때문이다.

사회 진출 시에 스펙이 그런대로 좋다 보니 급여 많은 직장에 들어갔다고 하자. 그러나 일 자체는 그저 그렇고 재미도 별로 없다. 다만 급여가 많으니 그 돈으로 실컷 이런저런 재미를 보면서 대충 살아간다. 그러다가 때가 되면, 즉 운세가 하락으로 접어들면 이상하게 일이 꼬여들고, 퇴직을 강요당하게 되거나 기타 등등의 사유로 그만두게 되고, 받은 퇴직금은 어설프게 사업에 손을 댔다가 망하게 된다.

무슨 말이냐 하면, 지금 당신이 있는 자리가 즐겁지 않거나 고맙다는 생각이 들지 않는다면 당신은 그 자리를 지키고 있을 이유가 사실은 없다는 얘기이다. 물론 현실을 살아가는 생활인으로서 여러 가지 스트레스야 있겠지만 근본적으로 지금의 자리가 마음에 들어야 그 자리에서 성공할 수 있는 것임을 알아야 한다.

세상은 가짜를 용납하지 않는다

세상의 엄밀한 진실 중에 '세상은 가짜를 용납하지 않는다'는 것이 있다. 가짜로 자리를 차지하고 있는 당신을 세상은 물론 당신의 운명조차도 용납하지 않는 것이다. 제법 머리에 든 것도 있고 중산층의 생활을 하면서 몸에 배인 것도 있어 세련미야 풍기겠지만, 그래봐야 '시니컬'하거나 '쿨'할 뿐이다. 기껏 정부의 일이나 재벌들 비판이나 하면서 좌파 비스무리한 행동만 할 뿐이다.

그러나 그렇게 대충 살아가는 것은 '가짜 내지는 짝퉁으로 살아가는 것'에 지나지 않는다. 그리고 얼마의 시간이 지나면 결국 세상이 걸러주게 된다. 이 세상은 시간이라는 '필터'를 통해 가짜와 짝퉁을 걸러내고 정리하고 있기 때문이다. 당신이 지금 망한 상태라면 걸러짐을 당했음을 알아야 하고 또 그것이 운명의 바닥점이라면 절로 알게끔 되어 있다.

바닥에서 다시 일어서는 방법은 따라서 간단하다. 아주 간단하다. 바닥에서 비로소 알게 된 자신의 진정한 재능과 힘을 직시하는 것이고, 또 그를 바탕으로 자신의 진정한 재능과 힘을 발휘하면 되는 것이다. 물론 당장 길은 보이지가 않을 것이고 또 그것이 당연하다.

가령 당신이 바닥을 지나면서 식당을 하는 것이 내 길임을 진심으로 알게 되었다면 그냥 그 길로 가면 된다. 물론 그게 쉽지가 않다. 망했으니 자본금도 없을 것이고 주변에서 자금을 빌려주려는 사람도 찾기 어려울 것이다. 또 돈만이 문제가 아니다. 음식을 잘 만드는 바람에 식당을 하기로 했다고 해도 식당 경영은 또 다른 문제이다.

주방과 홀 서빙, 매장관리에 대해 또 다른 차원에서의 지식과 경험이 필요할 것이고, 위치 이른바 '목'도 중요하다. 또 타이밍이 당신이 잘할 수 있는 아이템과 맞을 수도 있고 그렇지 않을 수도 있을 것이니 처음부터 모든 것이 잘 될 까닭은 당연히 없다.

그러나 이 모든 것이 서툴다 해도 진정 그것이 당신의 길이라 확신한다면 마침내 그 모든 애로를 극복하고 나중에는 앞서간 사람들보다 훨씬 잘하게 될 것이다. 뜻이 있으면 길이 있기 마련인 법이고, 무엇보다 당신의 속은 '시니컬'하지도 '쿨'하지도 않을 뿐 아니라 뜨거운 정열로 가득하기 때문이다.

바닥에서 다시 일어서는 것은 본질적으로 무에서 유를 만들어내는 일이다. 그렇기에 창조라 하는 것이고, 이 과정에서 당연히 갖은 애로와 고생을 겪기 마련이다.

'길 없는 길'을 가는 것은 무중생유(無中生有, 억지로 말썽거리를 만들어 일으킴)의 이치인 것이고 또 성공에 이르는 진정한 큰길인 셈이니, 이 길을 가려면 무엇보다 더운 가슴이 있어야 한다. '더운 가슴'만이 내 속에 있는 '재능이란 알'을 부화시켜낼 수 있다.

앞서 "누구나 세상을 살아갈 수 있는 힘과 재능을 가지고 있다"고 말했는데, 사실 그 힘과 재능은 모두에게 알의 형태로 부여되어 있다. 그 '알'을 열로 데워서 부화시켜 내는 것은 당신의 몫이다.

상담을 하다 보면 "선생님, 이제 저는 무얼 해서 먹고살아야 하나요" 하는 질문을 무수히 받게 된다. 정말 헤일 수가 없을 정도로 동일한 질문을 반복해서 받았다. 나중에는 그저 웃게 되었다. 그 답답한 심정이야 너무나 잘 알고 있지만, 웃는 것이 정답인지라 웃었다. '때가 되면 당신 스스로가 당신의 내면에 있는 알을 부화시켜 낼 터이니 그 알 속에 무엇이 들었는지를 내가 어떻게 답해줄 수 있으리오' 하는 생각이었던 것이다. 결국 중요한 것은 스스로가 자신만의 알을 부화시켜 내야 한다는 점이다.

바닥에서 다시 일어서는 방법에도 정답 같은 게 있는 것이 아니다. 그저 방향을 잡고 뜻을 세우면 된다. 방법은 해가면서 또 길을 가면서 절로 다듬어지고 정리되기 마련인 것이니 그렇다. 바닥으로부터 다시 일어서는 과정 역시 시간의 경과에 따라 단계별로 치밀하고도 엄밀한 과정이 존재하지만 그런 것도 알 필요가 없다. 그저 그냥 주어진 길을 가기만 하면 된다.

정리하면 모두의 내면에는 이 세상을 살아갈 수 있고 또 누릴 수 있는 힘과 재능이 알의 형태로 간직되어 있다는 것이다. 또 그 알은 운명의 바닥에 도달하기까지는 스스로가 방해하는 바람에 부화될 수 없다. 그러나 운명의 바닥에 도달하게 되면 모든 문제가 내게 있었음을 알게 되면서 마침내 자신의 속에 자신만의 '알'이 존재한다는 것을 알게 된다. 그러면 시간의 경과와 함께 조심스럽게 정성을 다하여 더운 가슴으로 소중히 품어내면 되는 일이고 그러다 보면 다시 어느 날엔가 그 알 속에서 진정한 당신의 모습을 닮은 새로운 생명이 낡은 껍질을 깨고 고개를 내밀게 될 것이다.

운명의 바닥에 도달해보지 않은 자는 지금 현재 잘 나가고 있다 하더라도 본질에 있어 삶이 무엇인지 세상이 무엇인지 미처 모르는 자라 할 수 있다. 운명의 바닥점은 죽음이자 소생(蘇生)인 지점인 것이니 달리 보면 이야말로 운명의 진정한 축복이라 말할 수 있을 것이다.

지금 세상을 보면 괴로워하는 사람 실로 많다. 그런가 하면 승승장구하면서 성공가도를 달리는 사람 또한 많다. 그러나 나 호호당은 알고 있다. 괴로워하다가 쓸데없이 삶을 마감하는 바보짓만 하지 않으면 마침내 자신의 알을 발견하게 될 것이니 좋은 일이며, 승승장구하는 것 같지만 그 또한 한때의 일이라는 것을 알게 될 것이니 또한 좋은 일인 것을.

여섯 단계로 살펴보는 삶의 운명적 순환

오늘은 우리의 삶과 나아가서 세상의 변화에 대해 육기(六氣)라는 개념을 통해 얘기하고자 한다.

생기, 죽은 것을 다시 살려내는 과정

죽은 것을 다시 살려내는 과정을 생기(生氣)라고 한다. 기를 생한다는 뜻이다. 팔팔하다는 생기가 아니라, 죽음에서 새로운 삶을 불어넣는 과정인 것이고, 무에서 유를 창출하는 과정이다. 죽었던 것이 살아나고 무에서 유를 만들어내는 것이니 당연히 힘겹고 고통이 따른다. 3월이면 으레 찾아오는 춘곤증이라는 증세, 몸이 노곤하고 피곤한 이 증세는 겨우내 위축되었던 몸의 리듬이 다시 살아나며 생기는 증세이니, 이 역시 생기의 과정이다.

서기, 살아난 기운이 서서히 펼쳐지는 때

다음 과정으로 살아난 기운이 서서히 펼쳐지고 뻗어가기 시작할 것이니, 이때를 '펼 舒(서)'를 붙여 서기(舒氣)라고 한다. 서서히 기가 펼쳐지는 것이니 더러 지루하고 답답할 때도 있다.

운명이라는 순환의 주기에서 이 과정을 지나가고 있는 자는 가도 가도 끝이 없어 보이고 무엇 하나 속시원히 풀리는 것이 없어 그만 '덜컥수' 또는 '자충수'를 두고 이 단계에서 자멸하는 경우도 제법 있다. 실은 상황이 호전되고 있는 것인데, 성미가 급하여 그만 참지 못한 탓에 모든 상황을 스스로 악화시키는 경우이니 실로 안타까운 일이다. 따라서 서기의 과정에서는 재능은 있으되 급한 젊은이가 주로 고배를 마시곤 한다. 아울러 이상주의자들도 그렇다. (참고로 이상주의자란 발보다 눈이 너무 앞서가는 사람이라 하겠다.)

장기, 응축되고 결집된 기가 힘차게 뻗어가는 때

다음 과정으로는 서기를 지나면서 그간 응축되고 결집된 기가 급기야 힘차게 뻗어가는 때가 온다. 이를 장기(長氣)라고 한다. 기가 쭉쭉 자라고 뻗어가는 과정이다. 당연히 흥이 나고 신이 나는 때라 하겠다. 개인으로 말하면 사는 재미가 나는 때라 하겠고, 나라로 말하면 한창 국력이 신장되고 국위가 선양되는 시기라 하겠다.

우리나라를 놓고 말하면 1981년 중반부터 1991년 중반에 이르는 시기였다. 이 기간에 우리는 산업화에 성공한 것을 발판으로 민주화로 이행했던 시기이며 또 88올림픽을 자랑스럽게 치르면서 세계만방에 대한민국을 알렸고 국민들의 삶이 갑자기 윤택해지기 시작했던 좋은 때였다.

장기의 때에 모든 것이 순조롭다 싶어 그만 지나치게 과속을 하거나 교만을 부리면 인심을 잃게 되고 훗날 재앙의 씨앗을 뿌리는 경우도 많다. 잘 나갈 때 조심하라는 말이 빈말이 아니다.

화기, 전환의 때

기가 자랄 대로 다 자라고 뻗을 대로 다 뻗었으면 이제 어떻게 되는 것일까? 무한정 뻗을 수도 없는 노릇이니 그 다음 단계는 무엇이 올까? 어떤 전환점을 맞이하게 되는데, 이 전환의 단계를 화기(化氣)라고 한다. 기(氣)가 이제 다른 무엇으로 변화한다는 뜻이다.

여름 들판의 벼가 7월 대서(大暑) 무렵까지 자랐으면 더 자라지 않고 후손인 알곡을 맺기 시작하는 것과 같다. 사람이 다 자라면 짝을 짓고 후손을 맺는 것과 같은 것이다. 이처럼 화기는 다른 무엇으로 변하는 때인데 그걸 모르고 계속 자라는 것만이 능사인 줄 아는 사람도 있다. 성장만을 외치는 기업도 있고 그런 나라도 있다. 그러면 위기가 반드시 닥쳐온다. 세상은 순리에서 벗어나는 것을 용납하지 않는 까닭이다.

우리나라의 경우를 예로 들면, 화기의 때는 1991년부터 2001년 사이였다. 그 사이에 우리는 외환위기를 겪었다. 이는 일부 기업들이 변화의 때를 모르고 계속 외형성장만 고집하거나 욕심을 부려 사업을 다각도로 전개했던 것이 화근이 되어 불러들인 어려움이었다. 대우, 진로, 쌍방울, 해태, 한보 등의 기업이 이 무렵에 사라졌다. 그 바람에 덩달아 조흥, 상업, 한일, 서울신탁 등의 은행도 사라졌고, 제일은행은 외국계 자본으로 넘어가고 말았다. 사람의 경우도 마찬가지여서, 이때에 무너지는 사람들이 꽤 있다.

기의 여섯 단계에서 가장 어려운 때가 바로 이 화기의 때이니, 다른 무엇으로 변화한다는 것은 다시 한 번 껍질을 벗고 새로 태어나는 것과 같아서 실로 어려운 일이고 때라 하겠다.

수기, 거둬들이는 때

다음 단계는 이제 바야흐로 그간의 길고 긴 변화 발전의 과정에서 생겨난 것들을 거둬들이는 단계이니, '거둘 收(수)'를 붙여 수기(收氣)라고 한다.

봄에 뿌린 씨앗이 가을 벌판에 무성한 알곡이 되었으니 농부는 이를 거두는 것이고, 기업은 그간의 경영을 성과로 바꾸어들이는 것이다. 개인의 경우도 마찬가지로 인생 경영의 결실을 맺는다. 우리나라로 치면 2001년 중반부터 2011년 중반에 이르는 시기이다. 외형 성장에서 질적으로 전환하여 글로벌 기업이 된 기업들이 2001년부터 10년 동안 그간의 결실을 수확했다.

'고용 없는 성장'은 우리나라가 수기의 막바지 단계에 이르게 되면서 생겨난 현상이다. 가을걷이에 필요한 사람만 있으면 되는 것이지 새롭게 씨를 뿌리고 키워나갈 때가 아니기 때문에 고용 없는 성장이 이어지고 있는 것이다. (2011년으로 수기가 끝나자 기업들의 실적도 저조해지고 있다.)

어떤 식자들은 미래 성장동력을 찾아야 한다고 외치고 있지만, 겨울 벌판에 무엇을 심어야 하겠는가. 지금 우리는 다양한 대안을 생각해보고 있기는 하지만 이 모두 잘해야 겨울 보리에 불과한 것이고 그 또한 겨울을 지나 다음해 여름이나 되어야 결실을 맺을 것이니, 당장은 요원한 얘기라 하겠다.

그래서 정부가 나서서 재정정책을 펼치고 있다. 당연한 일이지만, 이 또한 지나치게 인기 정책으로 나가다 보면 국고는 바닥이 나고 적자가 커져 장차 더 어려운 시기가 올 것이니, 이에도 대비해야 할 것이다.

최근 해마다 가을이면 여의도에서 불꽃축제가 열린다. 세상 구경 중에 가장 좋은 구경이 불구경이고 가장 신나는 놀이가 불놀이이니, 직접 보지는 않았지만 실로 즐거운 행사라 하겠다. 이 축제가 처음 열린 것은 우리나라의 수기 무렵인 2000년부터였다. 그러니 저 불꽃의 화려한 향연은 그간의 성과를 거두고 또 축하하는 국운의 가을 축제와 다름없으니, 계속 이어지긴 어려울 것이다.

수기의 때에 눈앞의 성과가 풍족하다 보니 그만 잘못 판단하는 경우도 많다. 당장 눈앞에 곡식이 풍성하게 쌓이면 마음이 풀어져서 이 곡식으로 내년 여름 보리철까지 견뎌야 한다는 사실을 잊거나 또 여름 나는 동안 빌린 식량을 갚아야 한다는 사실을 잊어먹기도 한다. 그러다가 빚을 갚고 이것저것 제하고 나면 정작 식량이 부족함을 알게 되지만, 그때는 이미 때가 늦었을 수도 있다. 수기는 거두는 과정이지만, 역시 위험은 있다고 하겠다.

장기, 모든 것이 숨어버리는 때

거두고 나면 다음은 무엇인가?

간단히 말해 끝이 난다. 모든 기운이 사라지고 없어져 가는데, 이는 진짜 없어지는 것이 아니라 숨어버리는 것이다. 그래서 숨긴다는 의미의 藏(장)을 써서 장기(藏氣)라고 한다.

우리나라는 2011년 중반부터 기가 숨는 때로 접어 들었으며, 이는 2021년 중반에까지 이어질 것이다. 이른바 디플레이션의 시대라고 하겠다.

모든 자산의 가격이 하락하는 시대, 무엇보다 사람의 몸값이 떨어지는 시대, 달리 말하면 인건비가 저렴해지는 시대, 직장이 귀한 시대, 자산 가격 하락으로 또는 과다한 빚의 이자마저 갚을 수가 없어 파산자가 속출하는 시대가 시작되는 것이다.

개인으로 말하면 나이가 들어 더 이상 일자리를 구할 수 없고 그간의 재산도 이리저리 지출하고 남은 것이 별로 없어 쓸쓸해지는 때와 같은 것이니 사람의 경우 노쇠하면 그 결말은 죽음이라는 과정이다.

늙으면 죽는 것은 당연한 일이지만 그렇다고 만물이 진정으로 죽는 것은 아니다. 개인 또는 개체로서는 죽음을 맞이하지만 대를 이어가는 것이니 생명 전체로서는 죽음이 아니라 겨울 벌판처럼 텅 비어 그저 잠시 쉬는 것에 불과하다.

그러고 나서 다시 때가 되면 힘든 소생의 때를 맞을 것이니 생기(生氣)의 때가 다시 이어져간다.

이처럼 세상은 순환할 따름이지 시작도 끝도 없다.

왜 우리는 미리 내다보려 하는가

사물의 이치를 잘 궁리하면 세상의 변화를 남들보다 30년은 앞서 감지할 수 있다. 다시 말해 한 세대를 미리 볼 수 있다. 먼저 보면 먼저 대응할 수 있는 것은 당연하다.

흔히 먼저 보는 것을 두고 선견지명(先見之明)이라는 말을 쓴다. 그런데 더러 '내가 세상을 먼저 보고 있건만, 시대의 변화를 내가 감지하고 있건만 세상과 주변 사람들이 나의 선견지명을 알아주지 않는다'고 우울해 하거나 징징거리며 세월을 보내는 사람들이 있다. 사실 이런 사람은 선견지명이 부족하거나 또는 자신의 선견, 즉 먼저 본 것에 대해 확신이 없는 사람이다. 그렇다면 그건 그저 자신의 가치를 인정받고픈 마음에 지나지 않는다.

다 떠나서 남들보다 먼저 무엇인가를 보았다고 치자. 그러나 그로 인해 우울해 하고 한탄하며 세월을 보낸다면 사실 남들보다 먼저 보는 것이 하등 좋을 것이 없지 않은가! 세상에서 가장 소중한 것은 다름 아닌 한 번밖에 없는 저마다의 삶인데, '먼저 봄'으로써 자신의 삶을 해친다면 그거야말로 백해무익한 일이다.

먼저 보면 먼저 대응할 수 있다고 앞에서 말했지만, 여기서 대응이란 말의 의미를 잘 새겨볼 필요가 있다.

흔히 "~~미래를 앞당기자"는 말을 쓰는데, 그게 어떤 '구호(口號)'라면 몰라도 논리적으로는 실로 가소로운 말이다. 미래를 앞당길 수 있다면 그것이 어떻게 미래일 수 있겠는가? 가령 10년 뒤의 미래라 한다면 그것은 10년 뒤의 일이지 5년 뒤로 앞당겨질 수 있는 것이 아니다. '먼저 봄으로써 먼저 대응한다'고 할 때의 대응이란 따라서 미래를 앞당기는 따위의 그런 가능하지도 않은 일을 한다는 것이 아님을 알아야 한다.

먼저 봄으로써 먼저 대응할 수 있다는 것

그렇다면 먼저 봄으로써 먼저 대응할 수 있다는 말은 과연 어떤 뜻일까?

선견(先見)하여 대응한다는 것은 다시 말하지만 미래를 앞당겨서 구현하거나 실현하자는 것이 아니다. 그렇게 될 것을 미리 알고 있는 것만으로도 그에 맞추어 적절하게 대응하게 되는 것이니 이는 자연스런 일이다.

먼저 볼 수 있으면 때에 맞추어 적절하게 움직일 수 있다. 먼저 볼 수 있으면 그저 편하고 자연스럽게 길을 걷듯 걸어갈 수 있다. 이는 마치 차를 운전할 때 미리 전방의 상황을 보고 있기에 지금의 위치에서 편하게 드라이빙을 즐길 수 있는 것과 같다. 이처럼 앞을 볼 수 있다면 현재가 편하다. 그런 까닭에 선견지명이 중요한 것이지 미래를 앞당기려 억지를 부린다거나 세월을 한탄하며 자신을 괴롭히자는 것이 아니다.

우리는 흔히 "알고 당하는 것과 모르고 당하는 것과는 큰 차이가 있다"는 말을 한다. 좋고 기쁜 일이야 모르고 당해도 오히려 그게 더 좋을 수도 있기는 하다. '오, 서프라이즈!' 하면서 말이다. 하지만 대개의 경우는 생겨날 일을 미리 알고 있는 것이 더 좋다.

그러니까 미리 볼 수 있으면 눈앞의 현재를 즐기고 누릴 수 있다. 증시에서 일하는 사람들은 점심시간에도 장(場)이 계속 변동하고 움직이므로 패스트푸드로 점심을 때울 수밖에 없다. 언제든 폭등하거나 폭락할 수 있기 때문에 이른바 '느린 식사'를 즐길 여유가 없다. 그러나 그날의 장이 어떻게 움직일 것이라는 것을 대충 알고 있다면 얼마든지 느긋하게 식사를 할 수 있다.

"급변하는 세상에서 뒤지지 않으려면 긴장의 끈을 풀어선 안 된다"는 말도 있지만, 심하게 말하면 그건 누군가가 뭔가를 팔아먹기 위해

겁주는 말일 뿐이다. 그런 일이 정말로 있다면 애당초 그런 일에는 손을 대지 말아야 할 것이다.

물론 모든 것은 한순간도 멈추지 않고 움직이고 변화한다. 그러나 그 변화에 일일이 대응한다는 것은 그 일의 본질을 모르고 있기 때문이다. 세상 어떤 일도 익숙해지고 숙달이 되다 보면 서서히 단순해지고 뻔해지기 마련인 법이다. 왜 단순해지고 뻔해지는가? 미리 볼 수 있는 능력이 생기기 때문이다. 미리 보는 자는 현재가 편안한 법이고, 현재를 편하게 보내려면 미리 볼 수 있어야 하는 법이다.

선견지명은 남보다 세상을 빨리 가서 선점하자는 것이 아니다

예전에 재미있는 광고가 하나 있었다. 어느 통신사의 "빠름, 빠름" 광고가 그것인데, 경쾌한 음악과 함께 그림도 유쾌해서 나도 즐겼다. 그런데 빠른 것이 능사는 아니라는 사실만큼은 잘 알고 있어야 하겠다. 미리 볼 수 있다면 '빠름'도 그다지 필요하지 않다. 그저 때에 맞추어 적절하고 자연스럽게 움직이면 그것으로 충분하다. 미리 행동할 필요가 전혀 없는 것이다.

2006년 무렵 나는 "이제 아파트 시대는 끝이 날 것이니, 과다한 빚을 안고 산 아파트라면 정리해둘 필요가 있다"는 말을 했고 주변 사람들에게도 널리 얘기해주었다. 내 말을 들은 상당수의 사람들이 그렇게 했다. 그리고 2010년경부터 미디어에 '하우스 푸어'라는 신조어가 소개되었다. 그렇다면 2006년 시세의 정점에서 아파트를 정리한 사람들의 행동은 빨랐던 것이 아니라 때에 맞춘 적절한 행동이었을 뿐이다.

선견지명을 갖춘다는 것이 남보다 세상을 빨리 가서 선점하자는 것이 아니다. 빨리 살자는 것도 아니다. 미래를 앞당기자는 것도 아니다. 선견지명은 빨리 움직일 수 있게 하는 것이 아니라, 제때에 움직이게 하는 것이다. 선견지명이 없으면 시대에 뒤처지거나 막차를 타거나 아니면 막차마저 놓치게 된다.

세상의 변화를 놓치지 않겠다고 '트렌드가 뭐냐' 운운 하면서 이런 저런 잡지를 열독하고 텔레비전 시사 프로그램을 빠트리지 않고 보는 것은 그것이 자신의 일에 꼭 필요한 방면의 평론가나 전문가라면 모를까 사실 그다지 필요 없는 행동이다. 노골적으로 말하면 그런 것들은 그저 '장사해먹기' 위함이다. 가령 신문을 구독하는 사람이라면 아침에 제목만 슬쩍 보고 구석에 쌓아두었다가 보름에 한 번 정도 버리기 직전에 다시 한 번 보면 그것으로 충분하다. 꼼꼼한 사람이라면 이때 메모하거나 스크랩을 할 것이고. 변화하는 모습을 놓치지 않겠다고 안달하는 것은 결국 보는 눈, 안목(眼目)이 없을 때 그렇게 된다.

사물의 이치를 잘 궁리하면 세상의 변화를 남들보다 먼저 볼 수 있다. 처음에는 조금 앞서 볼 수 있겠지만 깊어지면 한 세대를 앞서 볼 수 있다. 더 나아가서 더 먼 미래까지 감지하고 내다볼 수 있게 된다.

그러나 먼저 보았다고 해서 빨리 움직일 필요는 전혀 없다. 그저 때에 맞추어 움직이면 된다. 전방을 주시하면서 그저 편하게 길을 가면 된다. '미리 보는 것이 겨우 이 정도에 그치는가,' 하고 아쉬울 것도 같지만 그게 그렇지가 않다. 무엇보다도 현재를 즐길 수 있다는 점만 해도 그것으로써 선견지명은 양생(養生)의 도(道)라 하겠다.

지금 가난한가? 미리 볼 수 있다면 지금 열심히 노력하는 것이 헛되지 않음을 알 것이니 가난해도 마음은 편안할 것이다.

지금 부유한가? 미리 볼 수 있다면 지금의 풍요가 한때의 것임을 알 것이니 헛된 욕심을 부리지 않게 되어 또한 마음이 편하게 될 것이다.

이만하면 충분하지 않은가?

그냥 부는 바람은 없어서

자연의 바람은 그냥 부는 바람이고, 내리는 비도 아무런 뜻이 없다. 그런데 바람도 비도 인간사회에 들어오면 누군가는 그로써 이익을 보고 누군가는 손해를 본다. 참 희한한 일이라 하겠으니 평생을 생각해도 잘 모를 일이다.

어떤 사람이 1980년대 중반 레미콘 사업을 하고 있었다. 그런데 1987년 대통령 선거에서 노태우 후보가 주택 2백만 호 건설을 공약으로 내걸고 당선이 되는 바람에 졸지에 떼돈을 벌었다. 분당과 일산 등에 신도시가 들어서는 과정에서 레미콘 사업은 무조건 현찰부터 받은 다음에야 출고하는 식이었으니 얼마나 즐거웠으랴! 오후에는 현찰

포대를 몇 개씩 차에 싣고 은행을 찾아갔다고 하니 말이다.

상담을 하다 보면 뜻하지 않은 횡재를 하고 큰돈을 벌었던 사람들의 얘기도 심심치 않게 듣게 된다. 물론 그 반대의 경우도 자주 만나게 된다. 꾸준히 돈을 버는 경우가 없지는 않지만 대부분의 경우는 어렵게 '본전치기'를 하고 있다가 갑자기 일시에 돈을 버는 경우가 대부분이다. 이는 봄이 되어 따뜻한 훈풍이 불어오고 촉촉한 비가 내리고나면 빈 들녘에 갑자기 봄풀이 화들짝 일순 돋아나는 광경과 동일하다.

트렌드를 읽어서 돈을 벌겠다는 생각

사람들은 주변 사람이 갑자기 순식간에 큰돈을 만지게 되는 것을 보면 부러운 한편으로 '나도 세상의 트렌드를 잘 읽어서 돈을 벌어봐야지' 하는 생각을 한다. '어떤 이는 길목을 미리 선점하겠다'는 생각을 하고, 또 어떤 이는 '기회다 싶으면 재빨리 기동력을 발휘해서 급작스레 생겨나는 시장에 뛰어들어야지' 하는 생각도 한다. 대형 서점의 비즈니스와 경제 코너에 가면 다가올 트렌드를 조금이라도 빨리 감지하기 위해 책을 열심히 뒤적이는 사람들로 붐빈다. 또 그런 수요에 부응하기 위한 책들도 매주 출간되고 있다.

어떤 일을 미리 알고자 하는 마음, 미리 알아서 유리하게 활용하려는 욕구는 어쩌면 현대인들만이 앓고 있는 '신종 바이러스'인지도 모른다. 예전의 농촌사회에선 변화가 그다지 많지 않아서 일기가 순조롭기만을 기원하면서 살았다. 하지만 오늘날은 불과 몇 년 사이에 흐름이 바뀐다. 그 변화에 둔감하다 보면 졸지에 망하는 일이 허다하다. 그러다 보니 사람들은 스스로 변화해야 한다는 강박증에 시달리며 살고 있다.

하지만 오늘날의 흐름이 급변한다는 것은 사실 느낌이 그렇다는 것이고, 본질에서는 예나 지금이나 큰 변화가 없다. 옛날 농촌사회에서도 가뭄과 홍수로 인해 흉작을 수시로 겪어야 했다는 사실을 상기해보라. 일기의 불순(不順)으로 인한 어려움이나 오늘날 경기변동으로 인한 어려움이나 그 본질은 같다.

그렇기에 장래의 경제 흐름을 알고 싶으면 가끔씩 미국 연준(연방준비제도)의 금리 정책을 한번 살펴보고 더불어서 우리 정부가 어떤 정책을 내놓고 있는지 확인해보는 정도면 충분하다고 본다. 이 정도로 충분하다고 말하는 이유는 오늘날 경제에서 경제의 붐을 일으키고 거품을 만들었다가 또 그 거품이 붕괴하도록 하는 핵심 당사자는 첫째로 미국 정부, 특히 연준이고, 다음으론 물론 우리 정부이기 때문이다.

현대 자본주의 데모크라시 국가는 여러 이유에서 경기부양과 복지를 위해 늘 시중에 돈을 뿌려대고 있다. 그런가 하면 중앙은행은 경기부양을 위해 필요 이상으로 금리를 낮게 유지할 때가 있으니, 그러면 즉각적으로 거품이 발생한다. 오늘날 경제에서 '거품'을 이끌어내고 생성하는 당사자이자 주범은 바로 국가라는 사실, 이 얼마나 역설적인가! (나는 이를 '케인즈 거품'이라 부른다.)

그런데도 뭘 모르는 학생들이나 좌파이론가들은 '금융의 탐욕' 때문이라고 비난해댄다. 금융가들은 그 기회를 활용해서 이득을 챙기고자 하는 것뿐이니 이는 기껏해야 종범(從犯)인 셈이고, 진짜 범인이자 주범은 경제에 늘 개입하는 국가 그 자체인데 말이다.

예전에 정부가 재건축개발이익 환수제를 폐기하기로 했다. 그 바람에 부동산 시세가 살아나고 또 그로써 억지거품이 생겨났다가 나중 어느 때가 되어 더 큰 거품 붕괴가 왔다고 하자. 여기서 범인은 국가가 아니면 달리 누구인가 말이다.

그렇기에 미국 연준의 금리정책과 우리 정부의 정책 변화를 가끔 살펴보는 것만으로도 충분하다고 말하는 것이다. 따라서 너무 지나치게 변화에 민감할 필요가 없다고 말하는 것이다.

다시 앞의 이야기로 돌아가 보자.

트렌드를 정확하게 감지해서 그것을 돈 버는 일에까지 연관 짓는다는 것은 사실 어림도 없는 일이다. 그냥 이런 트렌드가 생길 수 있겠구나, 저런 흐름이 있구나 정도를 대략 감 잡는 것에 그칠 일이다.

그렇기에 그나마 경제의 큰 트렌드를 읽어내는 비교적 효과가 있는 방법은 시중 서점에 깔려 있는 수상하고 알아먹기도 어려운 책들을 읽을 일이 아니라, 정부나 국가의 정책, 특히 세무정책이나 중앙은행의 금리 조정과 같은 사항들을 가끔 체크해보는 정도면 충분하다.

그러니 문외한이 국부적이고 세부적인 시장의 변화와 트렌드를 읽어내려는 노력은 차라리 아예 하지 않는 것이 좋다. 그런 것은 그 시장에서 오랜 경험과 숙달도를 가진 사람만이 어느 정도 감을 잡을 수 있는 성질의 것이기 때문이다. 물론 시장 전문가를 찾아가서 물어본다고 한들 열에 아홉은 틀리기 마련이다. 왜냐하면 당신이 명성을 듣고 찾아갈 정도의 전문가라면 진짜 전문가가 아닐 공산이 크기 때문이다.

따라서 국부적인 변화를 전문가를 통해 알려고 하느니 차라리 문외한인 당신이 그냥 마음에 드는 것을 하나 찍는 것이 나을 수도 있겠다.

기상대를 보라. 저번 겨울이 추웠다면 이번 겨울도 몹시 추울 것으로 예상한다. 하지만 틀리는 경우가 많다. 기상대에서 일하는 사람들은 그 방면의 최고 전문가들인데 말이다. 이처럼 며칠 앞의 날씨를 알아볼 때 기상대 정보가 필요한 법이듯이, 경제전문가라는 사람들의 예측이나 의견 역시 그저 앞으로 3개월 정도의 일을 알아보는 정도인 것이다.

그러니 미리 흐름을 예측해서 길목을 선점하겠다는 생각은 아예 포기하는 것이 좋다. 돈이 지나갈 것으로 예상되는 길목이 하나둘이 아니고 또 예상해보는 시점에선 여러 개가 후보로 등장하기 때문이다.

사업을 시작하는 시점에서 미래의 트렌드를 충분히 예측할 순 없다. 결국은 어느 정도 느낌이나 감으로 결정하는 것이다. 최근에 빅데이터 운운하지만 진실을 말하자면 대부분 그냥 어쩌다가 끌려서 그 사업을 하게 되었거나, 아니면 달리 다른 선택의 여지가 없어서 그냥 그 일을 하게 되는 것뿐이다. 정확한 예측을 결과로 어떤 사업에 뛰어들었고 그 바람에 돈을 벌었다고 말하는 사람이 있다면, 그건 대충 뻥을 치고 있다고 보면 된다.

대기업에 가면 전략실 혹은 전략팀이 있어서 다양한 변수들과 지표를 놓고 미래에 대한 거창한 시나리오를 짜거나 다양한 시나리오를 제시한다. 하지만 사실 이런 일은 별 쓸모가 없다. 그러나 꽤나 우아한 일이긴 하다. 그냥 돈이 많은 대기업인 관계로 고급 인력을 채용해 놓고 비싼 돈을 들여가면서 폼을 잡고 있다고 보면 된다.

자연의 바람 때문에 돈을 벌게 된 사람

자연의 바람은 그냥 부는 바람이다. 하지만 '자아를 통렬하게 인식'하면서 사는 인간 세계로 들어오면 그냥 부는 바람은 없다. 누군가는 그 바람으로 해서 돈을 벌고 재미를 보며, 누군가는 망하고 피를 본다.

그렇다면 자연의 바람 때문에 돈을 벌게 된 사람은 어떻게 해서 돈을 벌 수 있었는지에 대해 본론을 얘기해보자.

앞서 레미콘으로 큰돈을 번 사업가의 얘기를 다시 해보자. 그 사업가는 처음부터 레미콘 사업을 한 것은 아니었고, 건설 계통의 일을 하다가 우연한 계기에 주변에서 장차 괜찮을 수 있다는 말을 듣고 레미콘 사업에 손을 대게 되었다. 사실 모든 사업의 시작이 다 그렇다고 봐도 된다.

그러면 이제 봄바람이 불어오고 봄비가 내려 봄풀이 화들짝 피어나는 장면을 한번 떠올려보라.

이때 가장 중요한 대목은 작년 가을에 풀씨가 이미 땅에 뿌려졌어야 한다는 점이다. 땅에 뿌려진 그 풀씨는 겨우내 추운 땅속에서 그냥 기다리고 있었던 것이지 봄이 올 것을 확신한 것은 아니었을 것이다. 그런데 추운 겨울이 지나 훈풍이 불어오고 비가 내리니 풀씨들은 저도 모르게 싹을 피운다. 이 또한 그저 본능이라 말할 수 있다.

10월에 뿌려진 풀씨가 3월에 싹이 트기까지의 기간은 적어도 5개월이다. 이것을 사람의 운명에 비유하면 자그마치 25년의 세월이다. 그러니 당신이 트렌드를 예측해서 무언가를 결정하겠다는 것은 풀씨를 땅에 묻지 않고 손에 쥐고 있겠다는 것과 같다. 그 손에 쥔 풀씨를 봄풀이 피어날 즈음해서 땅에 뿌려본들 싹을 피워내긴 어려울 것이다. 이미 작년 가을에 뿌려놓았어야만 싹이 틀 것이니.

지금 나는 돈이 되는 사업을 미리 알아서 길목을 지키겠다는 것이 얼마나 허황된 생각인가를 말하고 있다. 당신 역시 지금의 때가 봄인지 겨울인지 모른다. 봄풀이 화들짝하고 피어나는 광경을 목격했을 때만이 아, 봄이구나 하고 알게 된다. 그걸 보고나서 씨를 뿌린다? 될 수 있는 일이 아닌 것이다.

앞서의 그 레미콘 사업을 한 분도 역시 그렇다. 미리 알고서 레미콘 사업의 씨를 뿌린 것이 아니라 그냥 어떻게 인연이 닿아서 하다 보니 그런 특수(特需)를 만났을 뿐이다.

그런데 왜, 어떤 연유로 그 사람은 레미콘 사업과 연이 닿았던 것일까? 이것을 일러 명(命)이라 하는 것이고, 아파트 2백만 호 건설 공약을 만난 것은 그 사람의 운(運)인 것이다. 이에 줄이면 운명(運命)이다.

그러니 책 좀 읽고 나서 아이템을 정할 일도 아니요, 트렌드를 읽었다는 생각에 어떤 일을 결정할 일도 아니다. 이 길목을 지킬 거야 하는 마음이 들었다면 대략 한 30년은 지키고 있을 마음을 가져야 한다. 한 3년 지켜보다가 아무도 지나가는 이 없다고 자리를 뜬다면 그 길목은 당신의 것이 아니다. 반대로 길목을 한 30년 지키는 사람은 그 길목이 바로 그 사람의 명이다. 바람이 그냥 부는 법 없고 그냥 내리는 비 또한 없다.

3장. 봄

自强不息

봄은
절로 와도
절로 피는 꽃은
없다

슬프냐, 슬퍼해도 좋다, 그러나 너의 칼을 갈아라!

힘드냐, 힘들어도 좋다, 그러나 너의 칼을 갈아라!

외롭냐, 외로워도 좋다, 그러나 너의 칼을 갈아라!

입춘, 운의 바닥 혹은 새로운 출발

무엇이 사계절을 만들어내는가

내일은 입춘(立春)이다.

입춘은 기(氣)의 바닥점이니 그로써 새해가 출발한다. 천지자연은 운행을 멈추는 법이 없으니 바닥에 도달했다는 것은 끝이 났다는 것이고, 그리고 그 끝은 새로운 시작이다.

태양 공전 궤도를 초당 평균 30킬로미터, 음속의 88배로 운항하고 있는 지구가 내일 오후 1시 13분이면 작년에 통과했던 입춘점(立春点)으로 되돌아온다는 것이고, 그로써 또다시 한해를 만들어가는 새로운 우주항해를 시작하게 된다.

흔히 지구의 축은 23.5도가 기울어져 있다고 알려져 있다. 그러나 이것이 고정된 것이 아니고 늘 변화한다. 지구의 자전축은 대략 4만 년을 주기로 해서 22°38′와 24°21′ 사이에서 변동한다. 현재의 자전축은 23°44′이다. 기울어진 지구가 태양을 공전한다는 것, 이것이 바로 봄과 여름, 가을과 겨울을 만들어내는 근본 원인이다.

여기서 말머리를 약간 돌려보자.

내가 운명에 대해 얘기하고 글을 쓰다 보니 사람들은 나더러 운명론자라고 얘기한다. 맞는 말이지만 동시에 틀린 말이다. 일반 사람들이 이해하고 있는 운명이란 단어와 내가 말하고 있는 운명이란 단어는 사실 그 뜻이 많이 다르기 때문이다.

사전에서 운명을 찾아보니 "인간을 포함하는 모든 것을 지배하는 초인간적인 힘, 또는 그것에 의하여 이미 정해져 있는 목숨이나 처지"라고 되어 있다. 이 해석에는 '지배', '초인간적'이란 단어가 들어가 있는 등 '초인간적인 지배력을 지닌 그 무엇'이 존재한다는 의미가 진하게 배어 있다. '초인간적인 지배력'이란 말은 결국 신(神) 혹은 신적 존재를 상정하고 있다.

그러나 나는 신에 대해 얘기하지 않는다. 적어도 에너지와 질량이란 개념을 사용하는 물리의 세계, 구체적인 눈앞의 물질세계 속에 신은 존재하지 않는다고 여긴다. 신은 우리들의 관념 속에 존재한다. 더 줄이면 신은 인간들의 집단적 관념이라 생각한다. (이렇게 말한다고 해서 내가 무신론자라는 말은 아니다. 나는 신이 우리 속에 존재한다고 여긴다. 새벽녘에 내리는 이슬에서도 나는 신을 느낀다.)

그러나 내가 말하는 운명이란 단어 속에는 '초인간적인 것'도 없고 지배라고 하는 단어에서 느낄 수 있는 '권력적인 요소'도 전혀 없다. 내가 운명을 말할 때의 그 운명이란 것을 만들어내는 궁극적인 것은 자전축이 기울어져 있는 지구가 태양을 돌고 있다는 사실에서 생겨나는 사계절이다. 해마다 사계절이 차례로 돌아온다는 사실, 계절은 늘 변해가지만 한해가 지나면 또 다시 어김없이 돌아오는 항상성(恒常性), 이것이 내가 말하는 운명의 근원적 동력이다.

늘 변해가는 계절이지만 전체로는 늘 같은 것, 이처럼 변(變)과 상(常)이 공존하는 것, 달리 말하면 비상(非常)과 상(常)이라 하겠고 이것이 바로 자연이 늘 걸어 다니는 길이니 자연의 길, 즉 자연의 도(道)인 것이다. 그냥 자연이라 불러도 되고, 달리 도(道)라고 해도 좋다. 그런데 그 자연의 길은 지구상에 존재하는 모든 사물에 대해서 고스란히 적용되기에 그것을 사물의 운명이라 하는 것이다.

이게 '초인간적인 지배력'과 무슨 상관이 있는가?

내가 발견한 것은 자연과 모든 사물 간에는 지금까지 사람들이 미처 눈치채지 못했던 일정한 관계가 철저하고도 예외 없이 존재한다는 사실이다. 다만 사물이 발생한 시각에 따라, 그러니까 사람의 경우라면 생년월일시에 따라 자연의 길이 작용하는 시점이 다를 뿐이다.

가령 내 경우를 말하면 나는 양력으로 1955년 7월 25일 새벽 4시에 태어났으니 대서(大暑)의 여름 생이다. 하지만 60년을 한해로 하는 계절로 얘기하면 나는 이제 여름이 막 시작되는 양력 5월 20일경의 절기인 소만(小滿)에 태어난 사람이다. 한해의 순환으로만 보면 7월 25일, 대서의 여름 생이지만 60년을 한해로 하는 순환에서 파악하면 5월 20일 생인 셈이다. (여기서 '순환'이란 자연의 또 다른 이름이다. 그러니 나는 내 스스로를 자연론자이고 순환론자라고 주장한다. 또 순환이라는 말을 쓰고는 있지만 세상에 동일한 반복은 존재하지 않기에 순환이란 말 속에는 보다 더 깊은 의미가 담겨 있다. 이점에 대해서는 언젠가 다시 얘기를 하겠다.)

60년을 한해로 하는 순환에서의 내 생일은 소만이니, 이를 나는 운명 상의 생일이라 부른다. 이렇게 보면 나는 7월 25일 대서의 여름 생이고, 운명의 생일은 5월 20일경의 소만인 사람이다.

운명의 계절은 5년을 한 달로 해서 변화해간다. 그러니 나는 세상에 태어나서 42년이 지난 1997년이 되어 운명의 입춘(立春)을 맞이했다. 나는 42세에 내가 말하는 기의 바닥인 입춘에 도달했던 것이고, 그로써 끝을 보았으며 동시에 새롭게 태어났다. 42세 먹은 운명의 신생아가 세상에 등장한 것이다.

말이 좋아 봄 春(춘)자가 들어가는 입춘이지 입춘은 여전히 한겨울이다. (내일이 입춘이건만 지금 창밖을 보니 하얀 눈이 소담스럽게 내리고 있다. 저 모습은 겨울이 분명하다!) 당시 나는 몰랐지만, 내 길에는 운명의 찬바람이 불거나 아니면 흰 눈이 내리고 있었을 것이다.

올해는 2013년, 1997년 내 운명의 입춘으로부터 16년이 지난 때이다. 5년이 한 달이니 운명 상으로 3개월이 조금 더 지났다. 양력 2

월 4일의 입춘에서 세 달이 지나면 5월 5일의 입하(立夏)가 되니 나는 지금 5월 11일 정도에 와 있는 셈이다. 며칠만 더 지내면 신록이 온 산과 들을 메우는 소만을 맞을 것이다. 그 싱그러운 소만 말이다.

만물은 자연이 다니는 길을 따라서 가고 있을 뿐

지금 나는 나를 예로 들어 운명과 순환과 자연과 도에 대해 얘기하고 있다. 여기 어디에도 '초인간적인 지배력'에 관한 얘기는 들어가 있지 않다. 앞서 사전에서 찾아본 운명에 대한 뜻풀이는 '운명을 이해하지 못했던 사람들의 유산'일 뿐이다.

지금 올해 2013년으로써 운명의 입춘을 맞아 눈바람 맞고 있을 사람도 있을 것이고, 반대로 한여름의 뜨거운 열기 때문에 '전부 내꺼야!'를 외치며 욕심 잔뜩 부리고 있을 사람도 있을 것이다.

지금 내가 하고자 하는 말은 인간을 포함한 만물이 자연을 고스란히 닮는다는 사실이다. 인간을 포함한 만물은 그 자체로 작은 우주이고 작은 자연이며, 자연의 일부라는 사실을 얘기하고 있는 것이다. 이렇게 우리 하나 하나가 모두 자연이고 우주이니, 우리 모두 초인간적인 이상한 지배력에 구속당하는 존재는 아닌 것이다.

서구 관념철학에서는 흔히 '운명'과 '인간의 자유의지'를 대립되는 요소로 상정하고 있다. 이는 서구사람들이 신이라는 절대자에 대한 관념의 구속으로부터 벗어나는 과정에서 설정을 잘못한 것이다. 그렇게 대치(對峙)시킨 것이야말로 또 하나의 잘못된 믿음이고 틀린 이념이다. 신을 절대자로 파악하고 그를 부정한다는 것은 그 부정의 과정에도 절대라는 관념이 들어갈 수밖에 없다. 따라서 서구는 여전히 절대자라는 관념으로부터 자유롭지 못하다. 절대주의가 여전히 남아있는 서구문명이다.

그러나 자연은 절대적이지도 상대적이지도 않다.

자연 속에 존재하는 모든 존재가 자연인 법이어서 그 어디에도 절대의 냄새는 없다. 동시에 모든 것이 하나로 연결되어 있는 일체이기에 거기에 상대주의도 없다. 너와 내가 구분되는 실체인 경우에 있어서만 상대가 존재하기 때문이다. 절대와 상대, 이 모두 인간이 만들어낸 관념의 유희일 뿐이다.

그저 나는 지금 순환 상 소만을 앞두고 있고 어떤 이는 지금 입춘에 있을 것이며 또 어떤 이는 입동을 맞이하고 있겠지만, 결국은 모두 봄과 여름, 가을과 겨울을 보내게 될 것이니 기본적으로 모두 자연이 다니는 길을 따라서 가고 있을 뿐이다.

그래서 사계절을 겪은 사람들, 그러니까 세상을 60년 이상 살아본 사람들은 절로 얘기가 통하게 된다. 저는 봄을 이렇게 지냈고 또 겨울에는 저렇게 지냈거든요, 당신의 봄과 겨울은 어떠하셨나요? 하면서 말이다.

그러나 현실의 세상은 온통 시끄럽다. 그 이유를 비유해서 말한다면, 봄과 여름, 가을까지만 지내보았을 뿐 겨울을 지내보지 못한 사람과 겨울과 봄, 여름만 지냈을 뿐 가을의 수확을 겪어보지 못한 사람들 사이에는 으레 논쟁 혹은 말싸움이 있을 것이고 더러는 싸움박질도 하지 않겠는가 말이다.

내일이 입춘(立春)이다. 만물이 새롭게 시작하고 있다. 창밖에서 눈을 맞고 있는 목련도 슬슬 겨울잠에서 깨어날 준비를 해야 하는 때가 온 것이다.

입춘의 철학

햇빛은 동지(冬至)에 이르러 가장 짧고 '히마리(힘)'가 없다. 이는 햇빛, 광자(光子)가 지구로 날아들 때의 각도, 즉 입사각(入射角)이 가장 낮기 때문이다.

해가 점점 길어지는 기간은 동지에서 하지(夏至)까지 182일이다. 입춘(立春)은 동지로부터 1/4인 45일이 지난 때이다. 그만큼 햇발의 힘, 즉 입사각이 높아진 것이고, 빛 알갱이의 힘도 달라진다.

그렇다고 기온이 해가 길어지기 시작하는 동지부터 바로 높아지는 것은 아니다. 기온이란 결국 지열(地熱)인데, 지열은 햇빛이 땅을 쪼인 다음 그로부터 방사되는 복사열(輻射熱)이다. 여기에는 한 달의 시차가 있어 겨울은 동지가 있는 12월보다 1월이 더 추운 법이다. 그러고 다시 한 달이 지나야만 얼었던 땅이 해동되기 시작한다. 우수(雨水)가 바로 땅이 해동을 시작하는 날이며, 올해(2013)는 2월 18일이다.

희망은 이제 상당히 늘어났고,
의욕은 늘어나고는 있지만 아직 미약하며,
움직일 수 있는 여건은 여전히 떨어져가고 있는 때

그럼 새해의 첫날인 입춘은 어떤 날인가.

빛은 희망이니 희망은 동지의 저점으로부터 1/4이 많아졌다. 기온, 즉 열은 의욕이고 에너지이니 1월 20일 대한(大寒)이 최저점인바, 입춘으로써 겨우 1/8이 늘어났다. 아직은 의욕이 미약하다.

그리고 우수가 되려면 보름이나 남았으니 공기는 여전히 건조해지고 있다. 공기 중에 습기는 아직도 줄어들고 있다는 말이다. 습기란 수분인데, 만물은 수분을 통해 움직이게 되니 습기는 움직일 수 있는 원인, 즉 동인(動因)이다. 그러니 입춘에 동인은 여전히 하강 곡선을 그리고 있다.

정리하면 입춘이라는 절기는 희망(빛)은 이제 상당히 늘어났고, 의욕(열)은 늘어나고는 있지만 아직 미약하며, 움직일 수 있는 여건(습기)은 여전히 떨어져가고 있는 때이다. 입춘은 기(氣)의 바닥점이지만, 그런 바닥 역시 자세히 들여다보면 희망인 빛과 의욕인 열, 동인인 습기가 서로 다른 상태의 곡선을 그리고 있다. 빛과 열은 상승 곡선을 그리고 있지만 습기는 하강곡선의 막바지에 도달해 있는 때가 입춘인 것이다.

운명의 순환 상 입춘, 바닥점을 맞이한 사람의 마음 상태도 이와 같다. 속에서는 서서히 새로운 희망이 생겨나고 있고 의욕도 약간 있지만 여전히 현실은 어려워지고 있는 상태가 바로 입춘의 모습이고 운명 주기 상의 입춘을 맞이하고 있는 사람의 모습이다.

왜 입춘대길(立春大吉)인가

어려서 "입춘이면 무엇이 그리 좋은가요?" 하고 물었던 적이 있다. 그랬더니 돌아온 대답이 "야, 봄이 오면 좋잖아!"였다. 나는 그때 "봄이라 해도 날씨는 춥기만 하네요, 추운 봄이 봄인가요?" 하고 꼬투리를 달았다.

오랜 시간이 지난 다음에야 입춘이 대길인 까닭을 알게 되었다. 새해가 시작되는 것은 그로써 모든 생명이 새롭게 살기 시작한다는 것이고, 세상에 살아간다는 것 이상의 좋은 일은 없기에 대길이라는 것이다.

'너덜너덜한 인생, 한 번 다시 깨끗한 백지 상태에서 인생을 출발해 보았으면' 하는 생각은 누구나 한 번쯤은 해보았을 것이다. 그러나 그게 공상이 아니라, 현실의 일이다. 누구나 인생을 살다보면 운명 주기 상의 입춘을 맞이하게 되고, 그로써 백지 상태의 새 출발을 한다. 다만 사람들이 모르는 것일 뿐이다.

새 출발을 하는 이는 당연히 아무것도 가진 것이 없는 게 당연하다. 그런데 새 출발을 하는 자가 "저는 아무것도 가진 것이 없다"고 징징 울어대면 참 딱하다. 아니 이런, 신생아가 태어나는 즉시 잔뜩 가진 기득권이 되겠다는 것이니 그런 출발은 세상 어디에도 없다. 그래서 딱하다. 그런 되도 않는 욕심 들어주고 채워줄 하느님이나 부처님은 세상에 없다.

삶의 약동이 멈추었다가 다시 꿈틀대는 때, 우수

우수(雨水)로부터 사실상의 봄이 시작된다. '봄 春(춘)' 자가 들어 있긴 하지만, 입춘은 겨울 추위가 마지막 맹위를 떨칠 때라 봄이라 부르기엔 실로 무색한 때이다.

한해 중 우수 무렵에 공기가 가장 건조하다. 건조한 공기는 기관지염을 유발하니 감기의 주범이다. 감기 바이러스는 이럴 때 위력을 발휘한다. 따라서 우수 무렵 비가 내리면 감기 바이러스는 전혀 맥을 못 춘다.

우수는 '비 雨'와 '물 水'로 이루어져 있다. 이는 우수에 비가 내린다는 것이 아니라 비가 오면 좋다는 의미이다. 우수에 비가 내리면 겨울 가뭄을 해소함은 물론 건조한 기관지를 적셔주어 건강에도 대단히 좋은 단비가 된다. 나이 들어 호흡기 질환에 시달리는 사람들은 우수에 비가 오면 그로써 한해의 수명을 더 얻을 수 있을 정도로 우수의 봄비는 대단히 중요하다.

한해 중 기의 최저점에 도달하는 때

우리 몸이 일 년 내내 늘 같은 생리 리듬과 템포를 가지고 있는 것은 아니다. 겨울이 시작되면 생리 활동과 순환이 느려지고 저하되다가 우수 무렵에 이르러 최저점에 도달한다. 최저점에 도달했다는 말은 무엇인가? 이제부터 기(氣)의 새로운 상승이 시작된다는 말이다. 좀 더 정확하게 말하면 우수로써 우리는 한 번 죽었다가 다시 살아나는 과정, 즉 소생(蘇生)의 사이클을 시작한다는 말이다. 이때에 한해에 걸친 새 삶을 구동(驅動)하기 시작한다.

사람이 수십 년을 산다고 하는 생각은 물론 옳은 말이지만, 실은 해마다 새로운 삶의 갱신을 통해 이어가는 것이다. 동지(冬至)에 이르러 빛이 죽었다가 살아나고, 대한(大寒)에 이르러 에너지가 죽었다가 살아나고, 우수에 이르러 삶의 약동이 멈추었다가 다시 꿈틀대며 움직이는 것이 삶의 본질이다.

이처럼 헌 삶의 마침과 또 다른 새 삶의 시작은 모든 종교적 신비로움의 본질이자 정수라 하겠다.

크리스마스가 예수님이 탄생하신 날이라 하지만, 크리스마스는 실은 동지로써 햇빛의 광명이 다시 살아난다는 고대 북구의 종교적 전통에 뿌리를 두고 있다. 또한 기독교의 유월절이나 오순절, 부활절 등은 모두 태양빛의 순환에서 기인하며 땅위의 모든 순환에 대한 고대 유대인들의 신앙과 관련되어 있다. 뿐만 아니라 불교의 석가탄신일 역시 태양빛의 순환과 관련이 있다. 결국 인류의 모든 종교적 의식 속에 태양빛의 순환이 존재하고 있다.

태양빛의 순환, 즉 태양빛의 영고성쇠(榮枯盛衰)가 중요한 까닭은 지상의 모든 생명체가 갖는 순환이 그것에 직결되고 있기 때문이다. 운명이라 부르는 것, 사람들이 그 존재에 대해 아리송하게 여기는 것 역시도 본질은 생명체의 리듬과 그 운기(運氣)의 순환을 일컫는 것이고, 그 순환의 근원은 태양빛의 순환에서 기인한다.

우수는 동지로부터 점차적으로 해가 길어져가는 182.5일간의 여정에 있어 그 1/3에 위치한다. 그렇기에 이미 햇빛은 많이 길어져 있다. 그러나 태양빛이 땅에 내려 쪼이면 그로부터 한 달이 지나야만 복사열로 인해 데워지기 시작한다. 그때가 바로 1월 20일경의 대한이고, 그로써 땅의 온도가 오르기 시작한다.

우수는 땅이 가장 차갑게 식었다가 다시 데워지기 시작하는 대한으로부터 한 달 거리에 위치한다. 이에 우수에 이르러 그간 땅속에서 얼어 있던 수분 혹은 습기들이 드디어 대기 중으로 증발하기 시작한다. 다시 말해서 우수가 되면 봄날의 아지랑이가 피어오르기 시작하는 것이다. 아지랑이란 다름이 아니라 땅에서 대기 중으로 습기가 오르는 현상이다. 봄날 들판에 감실대는 아지랑이는 양력 3월이 되어야 현저해지지만 실은 우수부터 우리 눈에는 보이지 않지만 아주 미미하게 시작된다.

아지랑이가 시작된다는 것은 우리 생명체에게도 대단히 심오한 의미가 있다.

이제 땅속을 우리의 '무의식 세계' 또는 '깊은 정신세계'라고 하고 땅 표면의 대기를 우리의 '의식세계'라고 해보자. (이것은 사실 비유가 아니다.) 무의식의 본질은 혼명(昏冥, 어두움)이고 나아가서 죽음 혹은 가사(假死)의 상태이기도 하다. 반대로 의식의 본질은 인지(認知)이니 그 자체로 밝음이고 생명이다.

그렇게 본다면 우수는 혼명에서 밝음으로 나아가는 경계에 존재하고 있다는 것을 알 수 있다. 우수로써 저 들밖에 아지랑이가 피어오른다는 것은 곧 우리의 의식 속에 이미 존재하고 있지만 우리 스스로는 미처 인지하지 못하던 어떤 것들이 이제 우리가 인지하는 의식세계 속으로 들어오고 표명(表明)화되기 시작한다는 것을 의미한다.

우수의 아지랑이가 아주 미미해서 우리 눈에 잘 보이지 않다가 한 달이 지난 3월 20일경의 춘분이 되어야 뚜렷하게 시야에 들어오듯, 우수로부터 구체화되고 표명화되는 우리 무의식 세계 속의 그 어떤 것들도 처음에는 잘 감지되지 않다가 춘분이 되면 또렷이 감지된다. (이처럼 자연의 움직임과 생명체의 움직임은 연동되어 있다. 자연과 생명,

그리고 우리는 하나이기에 그렇다.)

무의식에서 의식의 세계로 들어오는 경계

사람은 자신의 속을 스스로도 알지 못할 때가 많다. 더 정확하게 말하면 알지 못하는 것이 더 일반적이고 보통이다. 표면의 내가 있고 그 표면 밑에는 내가 알지 못하는 실로 무수한 내가 존재하기 때문이다.

이 점에 대해 참고로 약간 더 얘기하면 이런 현상을 전문적으로 연구했던 불교의 한 갈래로 유식불교 혹은 유식설(唯識說)이라는 것이 있다.

유식설에 의하면 식(識)이라는 것은 대상을 분별하여 아는 작용을 말한다. 그리고 세상의 모든 것은 우리의 식에 의하여 나타나는 것, 즉 현현(顯現)한 것에 불과하다는 것이 유식설의 주장이다.

그런데 우리의 식에는 여러 레벨이 있는 바, 그 가장 깊은 곳에 존재하는 식을 '아뢰야식' 혹은 '근본식'이라 하며, 그 위에 나라는 하나의 개체로서 이런저런 생각을 하는 '말나식'이 있다고 한다. 아뢰야식과 말나식은 우리의 깊은 의식 세계이기에 우리 스스로는 그것의 존재를 감지하지 못한다. 심층 의식인 셈이다. 그리고 비로소 그 위에 감각기관을 통해 얻어지는 여러 의식들, 눈과 귀, 코, 혀, 몸 전체와 대뇌 작용을 통해 얻는 의식, 이른바 안이비설신의(眼耳鼻舌身意)의 여섯 가지 표층 의식이 있다는 것이다.

사실 불교의 유식설이 우리 마음과 의식의 정확한 구조를 설명하고 있는지는 잘 모르겠지만, 한 가지 분명한 것은 우리의 의식 세계는 표면화된 의식보다 훨씬 복잡하고 깊은 구석이 있다는 점이다. 그리고 그 무의식의 심층의식이 표층의 의식 세계보다 훨씬 방대하다는 점 또한 분명하다. 마치 빙산은 보이지 않는 부분이 더 큰 것과 같다.

그런데 우리가 인지하지 못하는 무의식의 심층과 우리가 인지하는 표층의 의식은 서로 왕래하고 있다. 이때 무의식에서 의식 세계로 들어오는 경계가 바로 우수(雨水)라고 나는 여기고 있다. 반대로 의식 세계에서 나도 모르는 사이에 무의식 속으로 침잠하기 시작하는 경계는 우수로부터 6개월 뒤가 되는 양력 8월 20일경의 처서(處暑)이다. 우수로써 음에서 양으로, 처서로써 양에서 음으로 갈마들기 시작하는 것이다. 이는 우리 의식만이 아니라 세상 모든 것이 그렇다. 앞서 얘기했듯이 세상 모든 것은 일체이기 때문이다.

흔히 '진정한 나를 찾아서 떠난다'는 말을 한다. 그러면 이를 비아냥대는 사람들은 "뭐냐, 밥 먹고 살기도 바쁜 세상에, 진정한 나를 찾아 떠난다고?" 하며 그저 배부른 소리로 돌리기도 한다. 그러나 '진정한 나를 찾는 작업'은 단순히 배부른 마음의 발로만은 아니다. 그 또한 우리 삶의 빼놓을 수 없는 일부분인 것이다.

진정한 나를 찾아 나선다는 말의 실체는 내면의 세계로 들어간다는 말과 동의어이다. 내 속에서 찾아야 하기 때문이다. 사람에게는 누구나 그런 때가 찾아온다. 그리고 그 시기는 나이와도 상관이 없다. 무슨 말인가 하면, 사람의 운명 순환에 있어 초겨울의 절기인 소설(小雪)이 되면 누구나 진정한 나를 찾고 싶어지는 것이다.

그렇다면 왜 소설에 그런 마음이 드는 것인가? 이는 운명 순환의 처서로부터 우리의 의식 세계가 양에서 음으로 전환되기 시작하여 30년간 이어져서 우수에 이르러 절정에 달하게 되는데, 처서로부터 15년이 흐른 때인 소설이 되면 더욱 본격적으로 내면의 세계로 접어들기 때문이다. 그러다가 운명 순환에서 우수가 되면 드디어 또 다시 밖으로 나오게 되는 것이다. 그리고 양력 5월의 소만(小滿)이 되면 우리 속에 깃들었던 많은 것들이 대명천지로 발산되기 시작한다. (한해를 두고 말하면 우수로부터 소만까지 3개월이지만, 60년의 운명 순환에서 보면 15년의 시간이다.) 그렇기에 누구나 운명의 순환 주기에 있어 소만의 때가 되면 그 사람의 매력 혹은 잠재력이 본격적으로 발휘되기 시작한다. 이를 두고 사람들은 서서히 운세가 좋아진다고 말하는 것이다.

이처럼 우수는 우리의 심층 의식이 밖으로 표면화되는 때이자, 천지만물이 꿈틀대고 움직이기 시작하는 때이다. 처음 움직이는 때이니 그게 쉬울 리가 없다. 안 쓰던 근육을 모처럼 쓰면 힘들고 피곤하듯, 우수가 되면 겨우내 잠들어 있던 우리 속의 어떤 것들이 처음 구체화되는 까닭으로 힘들고 피곤한 것은 당연한 법이다. 그래서 우수가 되면 춘곤증이 시작되지만 그것을 확실하게 감지하는 것은 한 달이 지난 3월의 춘분 무렵이 된다. 정신세계와 물질세계는 다른 것이 아니며, 천지는 그저 하나로써 움직여갈 뿐이다.

이처럼 봄의 첫날인 우수는 한해를 통해서도 그렇지만 우리 삶의 전체 국면을 통해서도 그 의의가 자못 크다 하겠다.

경칩,
그 참담한 각성의 때에 대하여

올해의 첫 봄비는 우수(雨水)로부터 일주일이 지나서였다. 늦은 밤 시간의 산책, 얼굴을 적시는 보슬비에게 말을 건넸다.

"조금 늦으셨네요, 하지만 뭐 잊지 않고 내리시니 그저 반가울 따름이지요."

고즈넉한 숲길에 돌개바람이 일어 잠시 강아지들을 불안하게 했지만, 젖은 흙길은 걸음마다 폭신했고, 흠뻑 젖은 나무들은 곁을 지나칠 때마다 가로등 불빛에 번질대며 웃음을 지어왔다.

일어나기 싫지만 일어나야 하는 때

오는 3월 6일이면 경칩(驚蟄)이다. 그래서 오늘은 경칩의 때가 가지는 의미에 대해 이야기해보겠다.

경칩을 한 마디로 표현하면 각성(覺醒)이다. 좀 덧붙이면 '참담한 각성'이다.

당신이 조선 시대 말의 농부라고 해보자. 지난 가을에 거뒀던 곡식으로 처음엔 부자가 된 느낌이라 추석에 한판 잘 차려먹었지만, 이리저리 떼어주고 빚 갚고 나니 아차, 싶다.

아니나 다를까 동장군이 물러가는 우수 무렵이 되니 봄소식이 반갑긴 한데 정작 식량이 걱정이다. 보리철이 되려면 아직도 멀었으니 그때까지 끼니를 이어가기가 만만치 않아 시름 깊은 당신이다.

그렇다고 헛간 광주리에 보관해둔 볍씨로 밥을 해먹을 순 없는 노릇, 이에 시름이 깊어지고 있는 당신 앞에 경칩이 다가온다. 고구마나 감자 등으로 끼니를 이으면서 이제 슬슬 농사지을 준비에 나서야 한다. 추위 방금 가신 들판에 나서니 땅은 여전히 차갑고 소원하기만 하다. 멀리 연무가 슬쩍 서리는 저편을 바라보면서 절로 큰 한숨이 나온다.

'아, 지난 가을 난 왜 야무지게 하지 못하고 들뜬 기분이었던 것일까? 해마다 되풀이되는 일이건만…….'

이렇게 반성하고 각성하는 농부가 당신이다. 생경한 들판을 밟으며 어찌 되었든 다시 땅 위에 서서 힘겨운 씨름을 해야 한다고 다짐할 수밖에 없는 당신이다. 이것이 경칩의 마음이다.

경칩이 되면 사람만 그런 것이 아니다. 모든 만물이 그렇다. 땅속의 개구리는 동면에서 깨어나 이제 땅 위로 나올 준비를 하지만 그러나 땅 위 세상은 여전히 쌀쌀한 날씨, 결코 좋고 편한 마음이 아니다. 땅속의 지렁이도 겨울잠에서 깨어 차가운 흙속을 헤치고 다닐 채비를 해야 하니 역시 그렇다. 나무 역시 그렇다. 어쩔 수 없이 밑으로부터 물이 올라오니 슬슬 새순을 낼 준비를 해야 하는데, 뭐 앞날에 해가 마냥 비친다는 보장이 있는 것도 아니라서 불안한 마음이다. 이처럼 경칩을 맞는 세상 만물은 모두 불안하고 걱정스런 마음이다.

아이들도 개학이 되어 학교에 가야한다. '올 한해 또 어떻게 지긋지긋한 공부에 시달리지?' 하고 벌써부터 걱정스럽다. 그런가 하면 상급 학교로 진학한 학생들은 마음이 더 싱숭생숭하다. 입학식 날 꽃샘추위로 눈발 휘날리는 교정에서 교장 선생님 훈화를 듣자니 '내가 여기에 왜 서 있지?' 하는 마음도 든다. (물론 요즘에는 입학식도 강당에서 진행하지만.)

회사 다니는 사람들도 마찬가지다. "이제 새해도 익었으니 뭔가 좀 더 구체적으로 시작해볼 때가 된 거 아닌가" 하고 상사가 압박을 해온다. 물론 그 상사는 경영주로부터 똑 같은 압력을 받을 것이고.

경칩으로써 만물은 일제히 낯이 설고 모르는 세계로 한 발을 내딛어야 하니 그 마음이 편하지가 않다. "에이, 하지만 조금 지나면 따뜻한 봄날이 올 텐데요" 하고 당신이 반문한다면, 난 이렇게 반문하겠다.

"그러는 당신은 자신의 앞날을 한치 앞이라도 내다보고 있는가요?"

이처럼 만물은 경칩에 각성하고 반성한다. 그 시름이 결코 가볍지 않다. '놀랄 驚(경)'에 '칩거할 蟄(칩)'이 경칩이다. 칩거를 마치고 나오자니 뒤숭숭 불안한 마음이라서 경칩이다.

경칩에 이르러 모든 것들은 어지간하면 그냥 이불 속에서 그대로 동면을 이어가고 싶어 한다. 우리 몸도 물론 그렇다. 계속 자고 싶은 것이니, 춘곤증이 마구 밀려온다.

그러나 농부인 당신은 들에 서야 한다. 당장 먹을 것이 떨어져가는 형편이고, 지금 농사를 시작한다고 당장 쌀이 나오는 것도 아니지만, 어찌 되었건 나중에라도 처자식 굶기지 않으려면 들판에 설 수밖에 없다. 살다보면 먹고 사는 것이 참 구차하고 치사하지만, 앞으로 나서지 않을 수 없는 때가 있다. 바로 경칩이 그런 민망한 때인 것이다.

이제 경칩이 어떤 때인가를 이해하시겠는가?

일어나기 싫지만 일어나야 하는 때, 참담한 각성의 때, 보이는 것 없고 잡히는 것 없지만 뭔가 보아야 하고 허공이라도 움켜잡아야 하는 때, 하지만 마음은 뒤숭숭하기 이를 데 없는 때, 휴면에서 깨어나 엔진을 다시 가동해야 하는 때가 바로 경칩의 때이다.

인생의 경칩에 서 있는 사람들

우리 삶의 전체 과정 속에도 그런 때가 있다. 나는 그것을 그 사람의 운(運)이 지금 경칩을 맞이하고 있다고 말한다. 나는 2002년에 경칩을 맞이했다. 내 나이 마흔 하고도 일곱이었다. 당시 내 마음은 실로 한심하기 그지없었다. '참 이거 민망하고 한심해서 어쩌지' 하는 마음이었다. '한창 날고 기고 해도 성이 차지 않을 나이에 이게 뭐람' 싶었다.

살아온 삶 전체를 통해 가장 초라하고 한심한 때가 2002년이었다. 오십을 앞둔 나이에 이전의 모든 삶이 잘못되었다고 부정해야 했다. 뭐 어디 탓을 할 거나 있어야지 탓이라도 하지, 그저 아주 민망할 따름이었다. 용납만 된다면 세상에서 그냥 조용히 퇴장하고 싶었던 내 인생의 경칩이 2002년이었다.

그러나 알게 되었다. 나만 그런 것이 아니라 모든 사람이 일생을 살면서 그런 때가 있다는 것을. 알고 나니 제법 위안이 되었다. 운명을 재미삼아 연구해온 내가 자연에 존재하는 24절기의 순환이 우리 인생에도 그대로 존재한다는 것을 알게 된 것은 그로부터 꽤나 시간이 지난 뒤였다.

해마다 경칩이 찾아오지만, 인생의 주기에도 경칩이 찾아온다는 사실, 나라에도 경칩이 존재한다는 사실을 알게 된 나는 마침내 비밀의 문을 열고 들어선 느낌이었다. 자연 속에 오롯이 존재하고 있지만, 그 누구도 알지 못했던 순환의 비밀에 대해 알게 된 기쁨은 실로 켰다. 망하고 나니 새로운 기쁨을 가져다주는 자연과 삶의 오묘한 이치였다. 내가 이 비밀의 전모에 대해 제대로 알게 된 것은 2007년이었으니, 그것은 내 인생의 청명(淸明)의 때였다.

여기에서 내 개인의 얘기를 하는 것은 까닭이 있다. 내가 1955년생이니 60년을 하나의 주기로 하는 운의 흐름을 이제 대충 모두 겪어 보았다는 것이고, 그래서 이제 사람을 어느 정도 이해할 수 있는 경험이 쌓였다는 것을 말하기 위함이다.

그간 보니 운의 흐름이 한창 여름으로 치닫는 사람은 겨울로 드는 사람의 정서를 이해하지 못하고, 그 반대도 그렇다는 것을 알았다. 운이 여름을 향해 가는 사람은 그간의 성취가 쌓여가는 과정에서 그저 열심히 하면 된다고 생각하지 열심히 해도 일이 어려워져가는 사람의 정서를 이해하기는 어렵다.

사람이 한번 흐름을 타면 웬만한 일은 이루어진다. 그러나 한번 흐름이 꺾이면 아무리 노력해도 이상하게 일이 어려워진다. 지금 이 글을 읽는 사람 중에도 인생의 경칩 부근에 서 있는 사람이라면 공감이 클 것이다. 이 글에서 작은 위안이라도 얻기를 바란다.

그러나
너의 칼을 갈아라

운명의 봄에 일어나는 일들은 나머지 계절에 생겨나고 일어날 일들을 사실상 결정짓고 좌우한다. 그만큼 운명의 봄은 중요하며 나머지 시간의 일들은 그 후일담 내지는 에필로그라고 말해도 크게 틀리지 않는다.

다시 말하면, 15년에 걸친 운명의 봄의 일들이 나머지 45년의 윤곽을 결정짓는다. 이는 마치 사람이 태어나 스무 살이 되기까지의 일들이 그 사람 생애 전체에 걸친 윤곽을 테두리 짓는 것과 같다 하겠다. 그러니 운명의 봄에 대해 좀 더 깊고 넓게 이해하는 것은 삶을 보다 깊이 있게 이해하는 일이며, 이를 통해 보다 나은 삶을 경영하는 데 필요한 지혜를 얻을 수 있다.

운명의 봄의 일들은
나머지 계절의 일들을 결정짓고 좌우한다

여기에서 운명의 봄에 대해 다시 한 번 간략하게 정리해보자.

운세 상승의 전반기는 우리가 해마다 대하고 겪게 되는 자연의 봄과 정확하게 일치한다. 그 석 달에 걸친 봄 중에서 앞서의 두 달 동안(운세로 치면 10년간)은 그 누구도 보아주는 이 없는 홀로만의 내밀한, 외롭고도 치열한 고난의 시간이다. 그러고 나면 마침내 마지막 달에 가서 화려한 개화의 때를 맞이하게 된다.

춘삼월의 화려한 개화, 들과 산에 피어나는 저 꽃들은 그러니 그냥 때가 되어 절로 피어나는 것이 아니다. 기나긴 겨울과 그에 이은 봄의 쌀쌀한 추위를 이기고 피어나는 것이니, 이는 진부한 문학적 수사가 아니라 액면 그대로의 사실이다. 그 꽃은 역경 속에서 피어난 것이니 그 화려함 뒤에 놓인 속사정을 알고 나면 가슴 뭉클해지지 않을 수 없을 것이다. (나는 해마다 4월 초가 되면 섬진강 인근 하동 쌍계사 벚꽃놀이를 간다. 찾아가서 꽃들의 향연에 흠뻑 도취하니 꽃놀이라는 말이 맞지만, 한편으로 긴 겨울과 봄추위를 이겨낸 벚나무들의 고충을 내 충분히 알기에 그들을 어루만져주고 대화하고 공감하면서 함께 기뻐하는 시간이기도 하다.)

그러나 꽃의 피어남 그 자체는 이제 세상에 '자신의 존재'을 널리 알리는 선포의 의미일 뿐, 꽃 그 자체는 밥도 아니고 돈도 아니다. 개화 그 자체는 일견 화려하긴 해도 실은 이제 시작을 알리는 것에 지나지 않는다.

따라서 봄, 즉 운기 상승의 전반부는 한마디로 고난의 계절이지만, 그 고난에는 쇠망해가는 자에게서 느낄 수 있는 '우아한 무기력함'이 아니라, 여름을 열기 위한 힘찬 과정에서 나오는 '역경과 희망'이 섞여 있다. 이때가 바로 운기 상승의 전반부인 것이다. 아름답고도 슬픈 그리고 힘찬 계절이 봄이니, 우리의 운명에 있어 그 기간은 15년에 걸친다. (아마도 이 글을 읽는 이 중에는 운명의 봄을 지나온 이들도 있을 것이다. 뒤돌아보면 '아 과연 그때가 그런 때였구나!' 하고 깊이 공감할 것이다. 또 어떤 이는 '지금 내가 이런 시기를 지나고 있구나!' 하고 알아차리는 분들도 있을 것이다.)

다시 한 번 생각해보라, 양력 2월과 3월의 봄에 당신이 저 산과 들에 눈길 한번 제대로 주었던 적이 있는지. 산과 들은 마른 갈색의 나뭇가지들과 미처 삭아들지 않은 황갈색 낙엽들로 그저 황량할 뿐이고 그 사이로 때 묻은 잔설이 있어, 우리의 눈길은 그리로 향하지 않는다. 그곳에는 마땅히 바라볼 만한 것이 없기 때문이다.

양력 2월 초경에 있는 입춘부터 4월 초 꽃이 피는 시기까지 두 달의 봄은 당신 운명의 바닥 지점으로부터 10년에 걸치는 기간과 정확하게 동일하다. 그러니 당신 역시 운명의 입춘으로부터 청명(淸明)에 이르는 그 10년 동안은 어느 누구도 당신을 바라봐주지도 않고 인정해주지도 않는다. 실은 당신 스스로도 당신을 쳐다보지 않고 지내기도 한다.

바라봐주고 지켜봐준다는 것, 이는 실로 중요한 일이다. 텔레비전만 해도 요즘처럼 볼 것이 많고 채널이 많은 시절, 어떤 프로그램이

처음 5분 안에 흥미를 끌지 않으면 즉각 리모컨으로 채널을 돌린다. 노래? 스타트로부터 5분 동안에 끌어당기는 맛이 없으면 즉각 꺼버리거나 돌려버린다. 글을 써도 제목부터 바로 승부에 들어가야 한다. 실은 대중적 수요를 기반으로 하는 그 어떤 프로그램이나 영화, 노래나 음악, 책 같은 것은 초장에 승부를 보지 않으면 흥행할 수가 없는 세상이다. 뒷부분이나 뒷맛, 깊은 맛, 그윽한 맛 같은 것은 나중나중의 일에 불과하다. 즉각 확 하고 끌어당겨 놓고 난 다음의 일인 것이다. 그런데 초장부터 확 하고 당겨놓을 수 있는 것은 오로지 말초적인 것 아니면 괴기하고 변태적인 것이다.

이처럼 오늘날의 우리 사회는 풍요와 동시에 말초적이고 괴기하며 변태적인 사회로 변해버렸다. 이것이 데카당스(decadence, 퇴패주의)가 아니면 또 무엇이랴! 이는 우리의 국운이 봄, 여름 그리고 가을을 지나 겨울에 들어서 있음을 알리는 중요한 징표라 하겠다. 지금의 이 우아한 무기력함은 조만간 겨울 추위가 닥쳐올 징조이다.

다시 돌아가 이야기를 이어가 보자.

쳐다봐준다는 것이 이토록 중요하며 모든 생명은 그를 통해 살아갈 힘을 얻건만, 운명의 봄 중에서 초기 10년간은 누구도 쳐다봐주지 않으니 슬프고 힘든 계절, 본질적으로 남으로부터 또 나로부터 내가 소외되는 계절이다. 소외란 '누가 쳐다봐주지 않음'과 동의어라는 사실. 그러니 그 초기 10년의 세월을 당신이 지금 지내고 있다면 당신은 운명의 그 길을 홀로 외로이 걷고 있다는 말이 되는 것이다.

이떤 까닭으로 해서 홀로 걸어가야 하는 것일까?

간단히 말하면 당신에겐 타인의 이목을 끌 만한 그 무엇이 없기 때문이다. 흔히 말하는 개털 신세, 직장에서 잘렸거나 사업 실패로 알거지가 되었거나, 아무튼 이런저런 이유로 굳이 당신을 찾는 사람이 없는 것이다. 그러니 혼자 걷는 그 길은 흔히 땡전 한 푼 없이 그냥 길에서 구걸해가며 걸어야 할 때도 많다. (더러 돈은 많아도 그 돈을 쓸 곳이 없어서 궁핍한 사람도 있긴 하지만.)

더하여 그런 당신에게 딸린 처자식마저 있다면 그 길이 얼마나 힘들겠는가? 게다가 처자식마저 당신 보는 눈이 싸늘할 수도 있으니 얼마나 맥이 빠지는 일인가 말이다. 어떤 이유에서든 사람이 주변 그리고 남들의 눈길에서 벗어나 있다는 것은 대단히 힘든 일이다. 그것은 있어도 없는 것과 같은 것, 존재하지만 존재하지 않는 것과 같은 것이다.

봄은 소외와 결핍, 눈물의 계절
그러나 당신만의 칼을 갈아야 하는 때

그러나 달리 생각해보면, 아무도 쳐다봐주지 않는 이 시기야말로 조용히 '나만의 칼'을 갈기에 더 없이 좋은 때가 된다는 사실이다. 서러울 때마다 눈물을 흘리거나 삼키고, 칼을 갈면서 '너희들 내게 이랬다 이거지, 너희들 내가 나가면 다 죽었어!' 하는 유치한 마음으로라도 칼을 갈아야 한다. (사실 알고 보면 사람은 다 유치하다. 슬프고 힘든데

유치해지는 것은 당연한 일이다.)

그렇기에 운명의 봄 15년 중에서 초기 10년의 기간은 홀로 길을 걷는 때이고 누구도 쳐다봐주지 않는 소외의 때이며, 그로써 눈물을 삼키면서 나만의 칼을 갈기에 가장 좋은 때인 것이다. (슥삭슥삭 ← 이 소리는 칼 가는 소리이다.)

참고 견디고 또 홀로 눈물 흘리면서 칼을 가는 이 10년의 기간이 15년에 걸친 운명의 봄 중에서도 앞부분이며, 이때의 일들이 60년에 걸치는 운명의 전체 주기를 통해 일어날 일들을 결정짓는다. 우리나라의 경우 1964년에서 1974년에 이르는 초기 10년의 일들이 그 이후 지금에 이르기까지의 성공 대한민국을 형성하는 바탕이 되었다.

그 10년의 기간은 결핍의 계절이었고 소외의 때였으며 눈물의 시간들이었지만, 당시 우리 대한민국 사람들은 각자가 저마다의 칼을 갈았기에 지금과 같은 풍요의 나라를 만들 수 있었다. 물론 지금 그 칼의 날은 무뎌졌고, 또 일부는 이미 녹이 슬었다. 그러나 사람들은 아직 모른다, 그런 사실을. 하지만 조만간 그렇다는 것을 누구나 알게 되는 때 역시 머지않았다.

우리 대한민국은 2024년에 이르는 겨울 기간 동안 그 무디고 녹슨 칼날로 대충 어떻게 해보려고 애를 쓰긴 하겠지만 통하지 않는다는 것을 알게 될 것이다. 그리하여 2024년 국운의 새로운 입춘에 다다르면 지금의 날을 전혀 새롭게 갈아 내어야 한다는 것을 알게 될 것이다. 그게 갱신(更新)이다.

이처럼 봄은 소외와 결핍, 눈물의 계절이지만, 그 기간 동안에 당신만의 칼을 갈아내어야 하는 때라는 사실. 그러니 얼마나 중요한 기간인가.

그래야만 김훈의 소설 제목처럼 그 다음 세월에 가서 당신만의 '칼의 노래'를 목청 높여 부를 수 있을 것이다.

슬프냐, 슬퍼해도 좋다, 그러나 너의 칼을 갈아라!
힘드냐, 힘들어도 좋다, 그러나 너의 칼을 갈아라!
외롭냐, 외로워도 좋다, 그러나 너의 칼을 갈아라!

이게 봄의 노랫말이다.

청명,
수줍고 설레는 때를 맞이하여

꽃망울을 터뜨림으로써
나무는 자신의 살아있음을 보여준다

수줍거나 설레는 마음이 좀처럼 생기지 않는다. 적잖이 세월의 풍상을 겪은 탓이리라. 하지만 해마다 청명(淸明)의 때에 터지는 꽃망울을 보노라면 수줍음이 무엇인지, 가슴 설렌다는 것이 무엇인지를 새삼 알게 된다.

개화, 꽃을 연다는 말이다. 꽃망울을 터뜨림으로써 나무는 자신이 살아 있음을 보여준다. 겨우내 나무는 망각된 존재였다. 살아 있었어도 망각되어 있었다면 그건 죽은 거나 마찬가지이고 없는 거나 같다.

나무를 스쳐갔던 수많은 타인들에게는 아예 기억된 바도 없으니 망각된 적도 없고, 따라서 죽은 적도 없고, 없던 적도 없다.

하지만 의식 속에서 늘 생생하던 사람이 어느 날엔가 기억에서 지워져 버린다면 그 사람은 살아 있는 것도 죽은 것도 아니다. 그저 없는 사람이니 타인보다 못하다. 그러니 슬픈 일이다.

그러나 그 슬픔이 언제까지나 계속되는 것은 아니다. 나무는 꽃을 피워냄으로써 내 의식 속으로 복귀하고 또 당신의 의식 속으로 복귀한다. 나무는 꽃을 피워냄으로써 세상 속으로 돌아온다. 청명은 그런 까닭으로 돌아오는 때다. 맑고 밝은 햇빛을 듬뿍 받으며 찬연히 세상 속으로 돌아오는 때가 청명이다.

물론 청명에 나무만 복귀하는 것이 아니다. 이 점이 중요한데, 나무는 물론 새와 벌레들도 돌아오며 우리가 우리에게 돌아온다. 더 나아가서 세상 속으로 모든 것이 돌아오고 모든 것이 세상 속으로 돌아가는 때가 청명이다. 청명은 복귀의 때인 것이다.

청명은 돌아오는 때이고
부끄럽고 수줍은 때이며 밝고 환하며 맑은 때이다

돌아간다는 것, 아침에 집을 나섰다가 저녁에 집으로 돌아가는 거야 일상이지만, 오랜만에 돌아가는 것은 일상이 아니다. 어느 날 감정이 상해 연락을 끊고 지내던 친구에게 다시 연락하려 할 때 우리는 선뜻 전화 버튼을 누르지 못한다.

마음이 삐쳐서 한동안 보지 않던 연인에게 다시 돌아가려고 할 때면 더더욱 그렇다. 민망한 마음이 앞선다. '뭐라고 변명해야 하나?' '뭐라고 용서를 구해야 하나?' 하는 생각으로 그렇다. 머쓱한 마음이고 또 부끄러운 생각도 든다. 그러나 설레기도 한다.

겨우내 없던 나무가 우리에게 돌아올 때 나무는 꽃을 피운다. 그러니 피어오는 저 꽃들을 보라. 꽃들이 얼마나 부끄러워하고 수줍어하는지 그대 눈에는 보이지 않는가. 이는 그저 시적 감흥으로 꾸미는 말이 아니다. 개나리 노란 꽃은 철없이 설레는 마음에서 저토록 노란 것이고, 연분홍의 벚꽃은 막상 이제 돌아오려니 민망하고 부끄러워 연분홍빛으로 살짝 감추려는 것이다. 그러니 귀엽고 고운 몸짓이라 하리라.

당연히 우리는 나무의 복귀를 반겨야 하고 우리 또한 세상 속으로 돌아가면 세상이 우리를 반겨줄 것이 틀림없다. 맑고 깨끗하고 밝고 환한 마음으로 서로가 서로에게 돌아가는 때, 그래서 '맑은 淸(청)' '밝은 明(명)' 해서 淸明(청명)이다. 맑고 깨끗하고 환한 때이기에 거기에는 그 어떤 탁한 냄새나 맛이 없다. 그저 고운 향기만으로 가득하다.

이 말은 다시 말해서 풍요함이나 풍족함과는 거리가 멀다는 것이다. 풍만한 여인의 몸을 대할 때 우리는 맑은 향기를 맡기보다는 약간은 진하고 걸쭉하며 심지어는 탁하다고까지 말할 수 있는 욕정의 체취를 맡게 된다. 물론 이를 나쁘다고 하는 것은 아니다. 그렇게 생각한다면 큰일난다. 다만 풍요라든가 풍족이란 것 속에는 청순함을 찾아보기가 어렵다는 의미이다.

어려울 때는 서로 돕고 살던 사람들이 풍족하고 풍요로워지면 서로를 멀리하고 미워하게 되는 까닭도 풍요와 풍족이 가져다준 어떤 기운 때문이 아니겠는가. 욕망은 채워짐으로써 더 큰 욕망으로 자가증식(自家增殖)하는 기묘한 구조로 되어 있기 때문이다.

그러나 청명의 때에 피어오른 꽃이 부끄럽고 설레는 색을 보여주듯이 청명의 세상은 그저 청순하기만 하다. 돌아오는 자체로, 그리고 돌아와서 해후하는 자체만으로 더 이상 바랄 것이 없기 때문이다. 따라서 한해를 통해 청명은 가장 맑고 순수한 때다.

이제 정리하자.

청명은 돌아오는 때이고 부끄럽고 수줍은 때이며 밝고 환하며 맑은 때, 즉 청순한 때이다. 우리 모두 그런 청순한 때를 지나왔다.

60년을 하나의 주기로 하는 운명의 흐름에도 당연히 청명이 있다. 청명의 때에 이르러 우리는 세상을 향해 나아가고 또 돌아간다. 부끄럽고 수줍은 마음으로 그리고 맑고 순수한 마음으로 세상으로 돌아가니 그것은 사실 내가 '나다운 나'에게로 돌아가는 때라 하겠다.

운명의 청명절은 운명의 바닥인 입춘으로부터 10년이 지난 때가 된다. 지금 당신이 청명을 맞이하고 있다면 거울 앞에 서서 당신의 모습을 한번 바라보기 바란다. 가진 것이 없어 화려하거나 풍요로운 맛은 전혀 없겠지만 맑고 순수한 본연의 모습이 거기에 비칠 것이다. 청명은 사실 가난한 때이기 때문이다. 가난하지만 이제 세상으로 복귀했다는 순수한 기쁨으로 가득한 때이기에 거기에 환한 빛이 서리는 것이다.

우리나라는 1974년이 청명의 때였다. 당시의 대중문화를 돌이켜보면 순수하기 그지없었다. 송창식과 윤형주 등의 통기타 가수들이 노래하던 그 시절은 풋풋하고 순수한 대한민국의 모습이었다. 당연히 촌티가 여기저기 많았지만 말이다. 그러면서 풍요와 인간적인 삶과 민주주의를 꿈꾸던 1974년의 시절이었다.

열정을 가진 대한민국은 열심히 치열하게 앞으로 나아갔으니 드디어 30년이 지난 2004년에 국운의 한로(寒露)가 되었다. 풍요해졌고 럭셔리해졌다. 어느 사이 민주주의와 지방자치가 이루어졌다.

그리고 2004년으로부터 10여 년이 지난 오늘에 와서는 온통 싸움질이나 일삼는 우리가 되었다. 말은 거칠어지다 못해 이제는 '싸지르는' 놈이 임자이고 장땡인 세상이 되었다. 학식과 연륜에 상관없이 모두들 입이 부었고 볼멘 목소리만 내고 있는 오늘의 대한민국이다.

풍요와 풍족의 때를 맞이하니 예전의 청순함은 간곳이 없고 그저 탁하고 거친 증오와 미움의 말들만 무성해졌다. 세상은 참 어쩔 수 없는 모순이다. 풍요로우면서 맑게 살아가기란 참으로 쉽지 않다는 것을 인정하지 않을 수 없다. 청빈(淸貧)은 가능해도 청부(淸富)는 쉽지 않다는 생각에 고개가 끄덕여진다.

하지만 오늘은 청명이다. 해마다 한 번씩 어김없이 돌아오는 청명이다. 탁하고 거친 얘긴 이쯤에서 접어두자.

세상이 돌아왔다. 우리도 우리에게로 돌아가자. 맑고 환하고 순수한 청명이지 않은가. 온 천지가 맑고 깨끗한 햇빛으로 넘쳐나고 있지 않은가.

4장. 여름

盡人事待天命

성공하는
사람은
테마를
가지고 간다

간절함이란 주린 배를 움켜쥐고
기다리는 먹이가 내가 택한 길목을 지나칠 때까지
언제까지고 기다릴 수 있는 마음이며,
기회가 오면 사력을 다해 그 기회를 붙잡겠다는
각오가 서린 마음이다.

그대, 성공하고 싶은가?
그렇다면 간절해야 한다

그간의 경험을 통해 척 보면 알 수 있는 눈썰미가 생겼다. 어떤 사람을 만나 몇 마디 대화를 나눠보면 굳이 그 사람의 사주팔자를 물어보지 않아도 운세를 알게 된다. 운세가 한창 상승 중인지 아니면 내리막인지 또는 이제 어느 정도 바탕은 이루어진 사람인지 또 현재 바닥 근처에서 형편없이 고생 중인지 금방 알아차리게 된다.

거의 틀림이 없는 내 눈썰미의 비결은 단 한 가지 요령 때문이다. 그것은 상대의 눈빛과 말에서 어떤 '간절함' 같은 것이 묻어나느냐 하는 것이다. '간절한 무엇이 느껴지면 그 사람은 운세가 상승 중인 것이고, 그렇지 않으면 아 이 사람은 이제 나름 다 이루었고 조만간 내리막길을 가겠구나' 하고 판단하게 된다. 물론 그로써 틀림이 없다.

간절함이란 과연 무엇일까?

懇(간)이란 한자를 들여다보노라면 절로 미소를 짓게 된다. 글자 자체에 이미 많은 정보가 들어 있기 때문이다.

懇이란 글자는 '짐승 豸(치)'에 '머무를 艮(간)', '마음 心(심)'자로 이루어져 있다. '며칠 못 먹어 굶주린 짐승이 먹이를 기다리면서 언제까지고 길목을 지키고 있는 마음'이란 뜻이다.

여기서 중요한 점은 '기한도 없이 먹이가 길목을 지나갈 때까지 기다린다'는 대목이다. 이 길목은 내가 기다리는 먹이가 지나갈 것이 분명하지만, 그렇다고 내가 원하는 시점에 그 먹이가 나타나지는 않는다. 그렇기에 '언제가 될지 모르지만 지나갈 때까지 나는 기다리겠다는 마음'이 바로 懇切함이다.

누구에게나 꿈과 바람은 있고 욕망이 있지만, 그렇다고 모두가 자신의 꿈과 바람 그리고 욕망을 달성할 때까지 끊임없이 노력하면서 무한정 한사코 기다릴 수 있는 것은 아니다. 어떤 무엇이 결핍되었기에 욕망하는 것이지만 그렇다고 누구나 그 결핍된 무엇을 채울 때까지 무한정 노력하고 기다릴 수 있지는 않다는 말이다. 앞뒤 가리지 않고 다급하게 허둥지둥 달려드는 자와 노력하면서 달성될 때까지 인내하면서 기다리는 자 사이에는 큰 차이가 있다.

주변에는 일이 풀리지 않고 꼬이기만 해서 이름을 바꾸는 사람들이 제법 많다. 장담하지만 결코 개명의 효과는 없을 것이다. 이름을 변경해서 욕망을 달성하겠다는 것은 그저 요행을 바라는 헛된 생각에 불과하기 때문이다. 그래서 보면 대개 운세가 한참 내리막이거나 바닥 근처에 있는 사람들이 개명을 한다.

지금 우리나라의 국운은 이제 내리막길에서 속도를 서서히 내기 시작했다. 우리 국운이 기울고 있다는 사실 또한 간절함이란 단어 하나로 알 수 있다.

올해 대통령 선거(2012년 18대 대선)인데 지금 유권자들의 표심에는 간절함이 없다. 그저 누가 되면 나에게 좀 더 이득을 줄 것이냐에 관심이 있을 뿐이다. 대통령을 잘 뽑으면 내게 유리하리라는 기대, 그것은 요행수를 바라는 마음이니 심하게 말하면 사행심(射倖心)이다. (요행수를 바라고 사행심을 조장하는 정치행위를 포퓰리즘이라 한다.)

그래서 박근혜는 '경제민주화'를 그리고 문재인은 '일자리 혁명'을 내걸고 있다. 모두 요행을 바라는 유권자들의 마음을 사로잡기 위함이지 장차 우리에게 다가오고 있는 어려움을 함께 견디고 넘어가자는 발상은 결코 아니다. 그렇기에 박근혜나 문재인이나 또 안철수까지 포함해서 그들에겐 간절함이 없는 사람들이고 승리에 대한 욕망만 보인다.

국민을 사행심으로 몰고 가는 사람이라면 아무리 선거공학적 측면을 감안한다 해도 기본적으로 간절함이 결여된 사람, 즉 이미 많은 것을 이루고 가진 성공한 사람에 불과하다. 그래서 민주화 이래 우리의 대통령 선거는 차선의 선택에 지나지 않게 되었다. 그러니 특별히 음양오행의 심오한 이치를 들먹이지 않아도 후보나 유권자 모두 간절함이 없는 것을 보면 이제 우리 대한민국은 맛이 가고 있다는 것을 충분히 알 수 있다.

간절함이란 기회가 오면 사력을 다해
그 기회를 붙잡겠다는 각오 서린 마음

돌아와서 얘기하면 간절함이란 자신의 운명을 개척해가는 사람들에게서 공통적으로 볼 수 있는 특징이다.

노력하고 도전한다 해도 세상은 뜻대로 쉽게 되는 법이 결코 없다. 이유는 간단하다. 나만 그런 것이 아니라 내 주변의 모든 사람이 같은 욕망을 가지고 있기 때문이고 따라서 세상은 경쟁의 공간이기 때문이다.

이에 어떤 바보들은 경쟁을 나쁜 것이라 여기고 "우리 경쟁하지 맙시다" 하고 외치기도 하지만 유사 이래 경쟁이 존재하지 않은 적이 있었던가! 경쟁을 지나치게 제약하면 그저 낙후와 퇴보만이 있다는 것은 인류 역사가 증거하고 있지 않은가. 인간의 세계만이 아니라 온 세상과 자연이 온통 경쟁의 공간인데, 어떻게 인간 사회에서 경쟁을 제거할 수 있으리. 그렇기에 문명사회는 법과 제도, 즉 상호합의를 통해 룰을 만들어서 공정한 경쟁이 될 수 있도록 할 뿐이다. 그런 까닭에 노력하고 도전해도 실패하거나 안 되는 것이 오히려 정상이고 상례라 하겠다. 나보다 더 많은 준비를 한 경쟁자가 있기 때문이다.

운세가 상승이냐 하락이냐는 바로 이 대목에서 판가름이 난다. 실패하더라도 더 준비를 해서 또다시 도전하는 자는 운세가 상승인 것이고, 열심히 했지만 실패했을 때 거기서 그만두거나 좌절하는 자는 운세가 하강인 것이다. 될 때까지 이루어질 때까지 노력하고 준비하고 도전하는 자는 운세가 상승이고 해보다가 아니다 싶어 그만두는 자는 운세가 하강인 것이다.

그간 이미 많은 것을 성취한 자는 아무래도 그런 마음이 약해지기 마련이다. 지난 세월 동안 역전의 용사였고 관록과 기량이 차고 넘친다 해도 될 때까지 도전해오는 자와 맞서면 아무래도 부담스럽고 힘들다. 이미 이루었기에 간절함이 없는 것이다. 능력이 모자라거나 기량이 부족한 것이 아니라 이미 가진 자로서 누린 자로서 배고픈 마음이 없기 때문이다. 그러니 이제 운세는 하강인 것이다.

고 정주영 회장이 남긴 말, "시련은 있어도 실패는 없다"는 말 또한 그렇다. 그러나 정주영 회장 역시 스스로 너무나도 커지고 많은 것을 이루게 되자 실패하게 되었고 그러면서 생을 마감했다.

'시련은 있어도 실패는 없다'는 말은 정 회장이 1960~1970년대 시절 목표를 향해 끊임없이 도전하던 당시 자신이 품었던 결의와 기개를 나중에 글로써 표현한 것이지 그런 마음이 나중에까지 이어지지는 않았던 것이다.

저번 선거에서 미미한 득표율로 실패한 어떤 분은 인터뷰에서 "자신은 무얼 해서 실패한 적이 없으니 이번 선거에서도 승리할 것"이란 말을 했다. 그 말을 듣고 '아 그러면 이번에 실패할 것이고 그로써 삶의 큰 교훈을 얻게 되겠네' 하는 생각을 했다. 성공을 거듭해서 이제 실패를 망각한 사람에게 성공의 기회는 결코 주어지지 않기 때문이다. 배가 부를 만큼 불렀으니 어떻게 길목을 한사코 지킬 수 있겠는가. 그저 선거에 한 번 실패하면 다시는 도전할 기회도 의지도 역량도 없을 터인데 싶었던 것이다.

'아니면 말고'는 결코 통하지 않는다는 것이 세상의 단순한 이치이다. 그런데 이렇게 말하면 오해의 소지가 있다. 그저 한번 찔러보는 마음과 눈앞의 승부에 집착하지 않는 마음과는 천양지차이다.

눈앞의 승부에 집착하지 않는 마음은 그간 무수히 승패를 거듭해 오는 가운데 생겨나는 마음이다. 다시 말하면 이번 승부에 설령 패배한다 해도 다음 번에 더 준비를 잘해서 도전하겠다는 마음을 가진 사람만이 눈앞의 승부에 집착하지 않을 수 있다. 눈앞의 승부에 집착하지 않는 마음은 따라서 길목을 지키는 굶주린 맹수의 강단서린 마음, 즉 간절한 마음의 다른 표현일 뿐이다. 그러니 아니면 말고나 한번 찔러보는 마음과는 전혀 다른 것이다.

혹시 그냥 찔러보았는데 그것이 먹혀들었다면 그건 행운의 징조가 아니라 재앙의 전조로 받아들이는 것이 현명한 지혜라 하겠다. 쉽게 되다 보면 자신도 모르게 요행심이 생기고 안일해져서 조만간 크게 말아먹는 발판이 되는 것이니, 그냥 넘길 일이 아니다.

이렇게 말하니 "어떻게 하면 간절한 마음을 얻을 수 있나요" 혹은 "어떻게 하면 간절해질 수 있나요" 하고 물어보는 사람도 있겠다. 사실 그게 쉽지가 않다. 사람의 운명을 살펴보면 그런 마음이 드는 것은 60년을 통해 단 한 번밖에 없기 때문이다. '간절함'은 운세의 바닥으로부터 15년간의 고생과 좌절을 겪은 이후에야 비로소 얻어지는 마음의 자세이다. 정확히 말하면 운세 바닥으로부터 그러니까 내가 운명의 입춘이라 부르는 때로부터 15년이 지날 무렵, 따라서 운명의 입하가 시작될 무렵에야 얻을 수 있는 마음의 자세이다.

그러면 그 사람은 부단히 도전하고 시도해간다. 그 노력이 때가 되면 결실을 보게 될 것이고, 그러다가 운명의 가을에 들어 나름 주어진 그릇만큼의 수확을 얻게 된다. 그리고 간절한 마음을 얻은 이래 30년이 지날 무렵, 따라서 운명의 입동(立冬)이 되면 그 마음은 어느 새 누더기가 되어 사라져버린다. 그렇기에 그를 두고 운명의 겨울이 시작된다고 말하는 것이다.

운명의 봄을 지내고 있는 사람은 너무 힘들고 고단해서 사실 배고픔이야 있겠으나 그것이 간절함으로까지 이어지진 못한다. 운명의 여름으로 들어설 무렵에야 눈빛에서 간절함이 진지하게 묻어나기 시작한다. 운명의 가을에 들어선 사람은 그 간절함이 서서히 약해지는 반면 현실은 날로 풍요로워진다. 그리고 겨울 입구에서 보면 겉으론 풍성해도 이미 간절함은 간곳이 없다.

그대, 성공하고 싶은가? 그렇다면 간절해야 한다. 그 간절함이란 주린 배를 움켜쥐고 기다리는 먹이가 내가 택한 길목을 지날 때까지 언제까지고 기다릴 수 있는 마음이며, 기회가 오면 사력을 다해 그 기회를 붙잡겠다는 각오가 서린 마음이다. (사족을 붙이면 길목을 선택하는 것을 두고 달리 '사람의 적성'이라 말한다.)

소만을 앞에 두고 생산적인 여름을 위하여

5월 5일은 입하(立夏), 여름이라 말들 하지만 아직은 봄이다. 상당히 더운 봄이긴 하지만. 진짜 여름은 오는 21일 소만(小滿)부터이다.

어딜 가도 싱그러운 신록이고 여기저기 많은 봄꽃과 여름 야생화들이 피어 호시절을 구가하고 있다. 이제 슬슬 밤공기도 차갑지 않고 서늘해져가고 있다. 소만으로부터 여름이 정식으로 시작되니 당연히 좋은 때라 하겠으나, 그게 모두에게 그런 것만은 아니다. 대부분의 나무와 풀들은 소만 때까지 그해의 새 잎사귀를 만들어 달지만, 전부가 그런 것은 아닌 까닭이다.

그렇기에 소만은 하나의 엄숙한 경계(境界)가 된다. 여름으로 입장하는 관문이기도 한 것이다. 일단 여름으로 들어서야만 가을의 영화도 볼 수 있건만, 소만 때까지 잎을 만들어 달지 못하는 나무와 풀은 여름으로 들어서지 못하고 그만 죽어버린다. 광합성을 통한 생산이 불가능하기 때문이다. 자체 생존이 불가한 것이다. 그러니 조만간 그 나무 혹은 풀은 죽어버린다.

이것은 비단 나무와 풀만의 문제가 아니다. 사람 또한 자연의 일부이기에 사람의 60년에 걸친 운세 순환에 있어서 소만의 때에 가서 신록을 만들지 못하면 그 사람 또한 실패하거나 심지어는 죽어버린다.

이처럼 소만으로부터 본격적인 성장이 시작되면 가을에 가서 결실을 보는 것이 자연의 순환이고, 겨울이 되면 쉬거나 죽게 되고 또 다시 봄이 오면 깨어나 준비하는 과정의 반복이 자연이다.

우리 대한민국은 1964년부터 봄에 들어섰고 고통스런 폐허에서 힘들게 여름을 준비했다. 입하는 1979년이었고 진짜 여름인 소만은 1981년이었다. 1981년 가을 무렵에 들려온 '서울 올림픽 개최' 소식은 우리 국운이 왕성한 여름과 풍요로운 가을을 보낼 것을 알렸던 하나의 좋은 징조였다.

이에 15년간 줄기찬 성장의 행보가 이어졌으니 1996년까지였다. 대한민국의 참다운 성장은 거기까지였다. 이어 가을로 들어섰고 비록 속도 조절에 실패한 탓에 외환위기를 겪어야 했지만 다시 15년간 알찬 결실의 때를 구가했으니 2011년까지였다.

이제 성장 동력은 사라졌다. 2008년 미국 금융위기로 인한 세계적 불황의 물결 속에서 우리가 가장 빨리 위기로부터 헤쳐 나왔다는 말이 있었지만 그건 사실 가소로운 얘기였다. 2008년의 때는 우리가 마지막 풍성한 결실을 거둘 무렵이라 견딜 수 있었던 것일 뿐, 우리 국운의 진짜 겨울은 2011년부터 이미 시작되었다. 겨울에 무슨 성장이 있으랴!

생산하지 못하는 생명은 죽는 것이 자연의 이치이다

다시 소만으로 돌아가 보자.

앞서 소만은 여름으로 들어설 수 있느냐의 여부를 가름하는 하나의 엄숙한 경계의 때라고 했다. 생산하지 못하는 생명은 죽는 것이 자연의 이치이다. 비록 우리 마음이야 모든 생명을 살려내고 싶지만 자연의 현실은 그렇지가 않다. 냉정한 공정성이라 할 수도 있겠고, 대공무사(大公無私)의 진정한 면목이라고도 하겠다.

다시 말하면 공정하다는 것은 때로는 온정과는 달리 길을 간다. 찰스 다윈이 말한 자연선택(natural selection) 역시 크게 보면 같은 맥락이다. 자연 속의 모든 생명은 살고자 하는 강력한 의지를 가지고 있지만, 현실의 자연은 모든 생명으로 하여금 살게 하지는 않는다. 생산능력이 있는 자만이 살 수 있다.

이처럼 소만은 어떤 생명체가 살아갈 조건을 구비했는지를 판가름하는 하나의 관문인 것이다. 따라서 신록으로 넘쳐나는 좋은 세상이 지금이지만 동시에 그 그늘 속 상당수 자격미달의 생명들은 소만을 경계로 죽어간다. 전체로 보면 물론 그 비율이 높은 것은 아니다. 하지만 개별의 숫자로만 보면 엄청난 숫자의 나무들이 소만을 경계로 생사가 나뉜다.

최근 며칠 사이 늦은 밤 산책 시간에 산에 오르면서 살핀다. 참나무를 포함해서 키 큰 교목들은 그 잎사귀가 하루가 다르게 넓어져가고 커져간다. 거미줄도 쳐지기 시작했고 풀벌레들이 눈앞을 날아다닌다. 모기도 나오기 시작했다. 여름의 징조가 완연하다.

하지만 아직 잎사귀를 달지 못한 나무들이 여기저기에서 내 눈에 들어온다. 죽어가고 있거나 이미 고사한 나무들도 많다. 어떤 나무는 잎사귀가 정말 몇 개 되지 않아서 아슬아슬하다.

산을 오르면서 나는 자연의 현장을 목격하고 있다. 그리고 그 현장은 고스란히 사람 사는 현장으로 투영된다. 사람 사는 모습 역시 자연의 저 모습과 내 눈에는 다를 것이 하나도 없다.

소만의 때는 자연의 모든 생명들이 성장하고 생산해야 하는 때

조금은 더 마이크로한 이야기를 해보자.

당신이 그저 편안하게 직장에 다니는 사람이라 하자. 맡은 일을 잘하기만 하면 그것으로 충분하다는 생각을 하겠지만, 사실 그게 꼭 그렇지가 않다. 무척이나 루틴해서 하던 일을 반복하고 있는 것 같겠지만, 그 속을 들여다보면 여기에도 소만의 경계가 작용하고 있다는 것을 알아야 한다. 당신이 소만이 될 때까지 그해에 해야 할 생산적인 어떤 무엇을 구체화시키지 못한다면, 올해는 실패하거나 또는 '당신의 올해'가 죽어버린다.

한해를 죽어지내고 다음 한해를 또 죽어지내다 보면 어느새 당신의 직업 안전은 위협받게 되는 날이 올 것이다. 물론 사업하는 사람이라면 당연히 한해 농사가 잘 되느냐의 여부가 소만으로써 판가름이 날 것이고, 이는 엄중한 일이 아닐 수 없다.

최근 뉴스의 일이다. 결혼을 해도 아기를 꼭 출산할 필요가 없다고 답한 비율이 절반을 넘었다고 하는 내용이었다. 참 좋지 못한 쪽으로의 인식 변화가 아닐 수 없다. 내게는 최근에 들은 뉴스 중에서 가장 안 좋은 내용이었다.

앞서 생산하지 못하는 생명은 살아가지 못한다는 말을 했는데, 아기를 낳고 기르는 일이야말로 가장 중대한 생산이 아닌가! 그거야말로 인륜지대사(人倫之大事)인데 말이다.

그렇게 답한 이들은 아마도 삶의 경륜이 짧아서 그럴 것으로 본다. 부부란 것이 아기가 없고 서로만의 애정만으로 긴 세월을 살아가기란 여간 어려운 일이 아니라는 것을 몰라서 하는 말이다. 아기를 낳는 것은 대단한 부담이지만, 동시에 대단한 기쁨이고 보람이란 것을 몰라서 하는 말이다. 하지만 인식이 저렇게 변화하고 있다는 것 또한 엄연한 현실이다. 도덕적인 차원이나 당위성을 내세워 훈계할 일만은 아닌 것이다.

이 뉴스는 우리 사회, 우리나라의 운세가 생산적이지 않다는 사실, 다시 말해서 우리 국운이 여름이 시작되는 소만이 아니라 진짜 겨울의 입구인 소설(小雪)을 지났다는 반증이다. 그러니 이 60년에 걸친 순환 속에서 우리 국운이 소설을 지나 대설을 앞에 둔 자연스런 흐름일 뿐이다.

아무튼 이제 며칠 후면 소만이다. 여름이 시작될 것이고, 사람을 비롯하여 자연의 모든 생명들은 성장하고 생산해야 하는 때이다. 그리고 일부 생산을 하지 못하는 생명들은 그로써 세상을 떠나게 될 것이다.

여름의 경계를 놓고 엄숙하다고 말하는 이는 세상에 드물겠지만, 세상과 자연은 늘 환한 햇빛 속에도 그늘이 깃든다는 것 또한 사실이다.

맹룡과강,
용맹한 용이 강을 건너다

맹룡과강은 1972년에 개봉된 이소룡의 영화 제목이다. 로마의 콜로세움에서 거구의 척 노리스와 1대1로 펼치는 생사를 건 결투 장면은 두고두고 팬들의 뇌리에 남아있다. (영어 제목은 〈Way of the Dragon(용의 길)〉이다.)

'용맹한 용이 강을 건너다'는 말은 그 문학적 함의(含意)가 참 좋다. 동북아시아 문화에서 강이나 물은 험난함의 상징이다.

우리의 아주 오랜 노래에 공무도하가(公無渡河歌)가 있다. "님이여, 강을 건너지 마시오" 하는 노래이다. "건너지 말라고 했건만 끝내 건가다가 물에 빠져 죽으니 이를 어찌할꼬!" 하는 내용의 노래이다. 참고로 주역(周易)의 여덟 개 괘(卦) 중에서 물을 뜻하는 감(坎)괘는 어려움과 험난함을 의미한다.

강을 건너가는 과강은 용맹한 자의 결단

따라서 물을 건너간다는 것은 모험을 뜻한다. 지금은 비행기 타고 휙 하고 잠깐이면 날아가니 그저 그렇지만, 1980년대까지만 해도 바다를 건너 미국이나 유럽 등지로 유학을 떠나거나 세일즈를 하러 가는 것은 그야말로 이국만리(異國萬里)행이었고 용감한 길, 장도(壯途)였다.

그렇기에 강을 건너가는 과강(過江)은 용맹한 자의 결단인 것이고, 이에 맹룡(猛龍), 즉 영웅이 가는 길이 바로 맹룡과강(猛龍過江)이다.

영화에서 주인공의 이름은 당룡(唐龍)인데 이는 당나라의 용, 다시 말해 중국의 영웅을 상징한다. 중국의 진취적이고 용맹한 젊은이가 이탈리아의 로마로 건너가서 식당을 경영하는 교포들을 괴롭히고 뜯어먹는 현지의 악한들을 물리친다는 내용이다.

우리가 1960년대 그 못살던 빈곤의 나라였음에도 전 세계 각지로 뛰쳐나갔던 무역상사 사람들과 무역업체들의 큰 노고가 있었기에 번영하는 오늘의 대한민국을 만들 수 있었으니, 그들 모두가 맹룡과강이었던 셈이다.

이런 말을 들으면 '내 인생에도 그런 용감한 때가 있는 것일까' 하는 생각도 들 것 같다. 이에 대해 운명의 견지에서 말하면, 누구나 모든 사람이 일생에 한 번 그런 과감한 때가 있기 마련이라는 것을 얘기해주고 싶다.

오늘은 그 누구나 맞이하기 마련인 맹룡과강 혹은 맹호과강의 때에 대해 이야기해보자.

수많은 실례들이 있지만 오늘은 가수 ○○○에 대해 이야기해보자. 그는 국민가수란 극찬을 받고 있는 가수이다. 미국에서 태어난 그가 1996년 미국의 대학에 다니던 중 가수 활동 제의를 받자 용기를 내어 한국에 들어왔다.

피만 한국인이지 우리말을 전혀 못했던 그가 혼자서 들어와 적응하기란 정말 어려웠을 것이 틀림없다. 우리말 발음을 교정하는 등 숱한 고생 끝에 1998년 앨범을 내고 가수로 데뷔했다. 그 이후의 일들은 생략하기로 한다. 다만 그는 몇 년 전에 TV의 한 프로그램을 통해 국내 굴지의 아티스트로 성장했다.

그의 일생에서 1996년 가수 제의를 받고 한국으로 들어온 일이 바로 그에게 있어 '맹룡과강의 때'였다는 것만 일단 밝힌다.

누구나에게 있는 맹룡과강의 때란 입춘 바닥에서 22년이 되는 시점을 말한다. 정확하게 말하면 입춘으로부터 22.5년이 경과한 시점이 바로 모든 이의 일생에 한 번 존재하는 맹룡과강의 때인 것이다.

사람만 그런 것이 아니라 나라도 마찬가지이다.

우리 대한민국의 경우 1964년이 입춘이었으니 22.5년을 더하면

1986년이 된다. 그 당시 우리는 수출이 비약적으로 늘어나면서 선진 공업국을 향하여 도약하기 시작했으니 그것이 오늘날 선진 대한민국의 출발점이 되었다. 이처럼 1986년은 대한민국이 넓은 세상을 향하여 그리고 선진국을 향하여 과감하게 강을 건넜던 때였다.

강을 건너가는 결단은 철저하게 외로운 선택

그러나 주변의 어느 누구도 맹룡과강이 대단한 결정이고 행동인 것을 감지하지 못한다. 오로지 본인 스스로의 외로운 선택이고 결정이기 때문이다. 이에 강을 건너는 결단은 철저하게 외로운 선택이라 하겠다.

세계적인 부호인 빌게이츠가 하버드 대학을 중퇴하고 마이크로소프트를 창립한 1975년은 그의 맹룡과강의 때였다. 1955년생인 빌게이츠의 운세를 보면 태어나기 3년 전인 1952년이 입춘이었고, 그로부터 22년이 지난 1974년이 바로 강을 건너는 때였기에 그렇다.

"용기를 가져라", "실패를 두려워 말라", "불가능은 아무 것도 아니다" 등등 무수한 말들이 있지만 나 호호당은 그저 코웃음을 친다. 사람은 타고난 운명에 따라 과감하게 강을 건너야 하는 때가 있는 것이고 또 조용히 모든 것을 내려놓고 쉬어야 할 때가 있을 뿐이다. 강을 건너야 할 때 발을 적시지 않으면 미래의 성취가 없고, 물러나야 할 때 물러나지 않으면 커다란 굴욕이 앞에 기다리고 있을 뿐이다. 줄여 말하면 오로지 진퇴의 때가 있을 뿐이다.

빌 게이츠는 그런 면에서 대단히 영악한 사람이다. 1975년에 창업하여 대부호가 된 그였지만 그로부터 정확하게 30년, 그러니까 60년의 절반이 흐른 2005년, 물러나야 할 때 모든 사업에서 은퇴하고 물러났으니, 다분히 '도사의 끼'가 있다는 생각을 한다.

우리나라 역시 1986년에 강을 건넜으니 이제 30년이 흐른 2016년이면 물러날 때가 된다. 쉬어가야 하는 때가 되는 것이다. 성장의 동력은 이미 어디에도 없는데 억지로 재정 투입을 통해 경제성장률을 만들어가고 있으니 실로 헛된 일이다. (한마디 더하면 복지 특히 보편적 복지란 환상이야말로 훗날 크나큰 재앙을 자초하는 씨앗이라 하겠다.)

입춘으로부터 22.5년이 경과한 때는 한해로 치면 언제쯤이 되는가?

양력으로 2월 4일경이 입춘이니 그로부터 넉 달 반이 흐른 시점이다. 따라서 6월 21일경의 하지(夏至)가 바로 그때이다. 하지는 한해를 통틀어 가장 빛이 많은 때, 따라서 주변 사람이 보기엔 전혀 아닌 것 같아도 본인 스스로는 그 하지의 밝고도 긴 햇빛을 받아 근거는 없지만 스스로는 미래에 대한 큰 희망에 차서 앞으로 나아가는 것이고, 또 험난한 강에 발을 적시는 것이다. 만물은 6월 21일경의 하지에 이르러 일제히 앞으로 약진하는 것이니, 자연의 일부인 인간 또한 자연의 길을 따라 앞으로 나아가는 것에 지나지 않는다 하겠다. 물론 빛이 가장 짧고 약한 동지(冬至)에 이르러 모든 활동은 휴지(休止)로 돌아서는 것이니, 1년으로 치면 하지로부터 6개월이 지난 때이고, 60년 순환으로 하면 30년이 지난 때이다.

우리나라는 2016년이면 국운의 동지를 맞이한다. 모든 희망이 잿빛으로 변하겠지만, 두려워할 것 없다는 말씀을 드린다. 우리는 이미 동지로부터 다시 해가 길어진다는 엄정한 자연의 비밀을 익히 알고 있으니, 그때로부터 낡은 것은 버리고 새로운 희망을 일으켜 세우면 되는 일이기 때문이다.

내 일찍이 칼릴 지브란으로부터 한 수 배운 바가 있으니 소개한다.

> "진실로 지혜로운 자는 모래 위에 성을 쌓는다."

이는 동지의 희미한 햇빛 속에서 절망하지 않는 것이고, 때가 되면 하지의 찬연한 햇빛을 보게 될 것을 알고 있는 자의 마음이라 하겠다.

대서,
양질변환의 시기

대서(大暑)란 한해 중에서 무더위, 즉 열기와 습기가 최고조에 달하는 때이다. 열이란 사물을 움직이는 에너지이고, 습이란 그 에너지를 실어 나르는 매체이니 열습(熱濕)의 때란 한해 중 가장 왕성한 에너지가 맹렬하게 움직이는 때라 하겠다. 오늘 아침녘 엄청난 에너지로 서울을 강타했던 태풍 '곤파스'야말로 열습한 에너지 이동의 전형이다.

7월 24일경의 대서 무렵에 적도 부근의 바다에서 응결된 열습한 에너지가 끓어오르면서 태풍으로 변하고 그것이 계절적 영향으로 8월 말에서 9월 초에는 한반도를 강타하곤 하는 것이다. 태풍이나 허리케인 모두 대서 무렵의 응축된 열습한 에너지의 이동현상이다.

우리 인생에도 이와 같은 대서의 시기가 있다. 이때는 강렬하고 뜨거운 에너지가 마구 용솟음치고 어디론가 행해 뿜어져나가는 시기이다.

사람의 경우 맞이하게 되는 대서의 시기를 엄밀히 살펴보면 두 가지 경우가 있으니 하나는 나이에서 오는 대서가 있고 또 하나는 사람의 운세 주기에서 오는 대서가 있다.

나이에서 오는 대서는 생후 33년이 되는 때를 말하며 대서의 영향력은 그로부터 6년에 걸친다. 따라서 이 나이 때의 젊은이들은 몸과 마음이 열습한 에너지로 마구 소용돌이치는 까닭에 대단한 격랑의 시기라 하겠다. 모든 것을 쓸고 지나가는 태풍처럼 말이다. 독일문학사를 장식했던 질풍노도(Sturm und Drang)의 시대 또한 독일 국운 상의 대서의 때였다.

우리 국운의 경우를 보면, 1964년에 시작되어 2024년에 이르는 60년의 순환에서 대서는 1991 신미(辛未)년 여름 무렵이었고, 그 질풍노도의 시기는 1997년 외환위기까지 이어졌다. 외환위기를 만들어낸 것은 1991년 무렵부터 생겨난 격렬하고도 강렬한 전 국민적 열습 에너지였으니, 그것이 소멸하는 과정에서 맞이한 것이 외환위기였다.

무슨 말인지 잘 이해가 가지 않는다면 1994년 무렵 우리가 '빨리빨리'병 또는 이른바 한국병을 심하게 앓았다는 기억을 되살리면 될 것이다. '뭐든지 하면 된다는 강렬한 자신감, 또 해도 그냥 하는 것이 아니라 빨리 해야 하고 나아가서 빨리 해치워야 한다'는 강박감이 한국병의 증세였다면, 그것이 더 이상 통하지 않음을 알린 사건이 1997년 외환위기였다.

개인의 삶에서 33세의 대서 무렵이 되면 솟구쳐 오르는 열습한 에너지를 견뎌내기란 정말로 어렵다. 그래서 예전에는 다니던 직장을 그만두고 고시공부에 뛰어들거나 유학을 떠났고, 한동안은 한의대 열풍에 휩싸였고, 얼마 전에는 로스쿨 진학으로 인생의 진로를 바꾸고자 했던 수많은 젊은이들이 있었다. 최근에는 경제가 어려워지자 그나마 그런 증세가 덜한 편이다.

이는 솟구치는 열습 에너지로 인해 현실에 도저히 만족할 수 없는 혈기가 그 원인인 것이니, 이를 두고 나는 '대서병(大暑病)'이라 부른다. 간단히 말해 '더위 먹은 증세'인 것이다. 그러니 1997년의 외환위기는 우리 모두가 1991년부터 더위를 먹은 결과 겪어야 했던 극심한 후유증이었던 셈이다.

양적 성장이 마무리되고 질적인 그 무엇으로 변환해가야 하는 때

그리고 저마다의 운세 주기에 따른 대서에 대해서도 얘기를 하자. 그것은 나이에 따른 고정적인 시기가 아니라, 운세 주기에 따른 것이어서 대서의 시기도 사람마다 모두 다르다. 어떤 이는 스무 살에 대서를 맞이하기도 하고 또 어떤 이는 나이 육십에 맞이하기도 한다. 모두 다르다는 얘기이고 따라서 미리 알고 대처하기도 어렵다는 말이다.

대서의 극한 에너지를 잘 활용하는 자는 인생에서 커다란 성취를 가져갈 것이고 그 에너지를 오용하는 자는 잘 나가다가도 어느 순간 헛발을 디디게 된다. 그런 면에서 대서의 때는 인생에 있어 가장 왕성한 시기이자 동시에 위기의 때라 할 수 있다.

왜 대서가 위기가 될 수 있는 것일까?

그것은 대서로써 양적 성장이 마무리되고 질적인 그 무엇으로 변환해가야 하기 때문이다. 양질변환(量質變換)의 시기가 바로 대서인 것이다.

벼를 예로 들자. 벼는 대서 무렵에 가면 이제 자랄 만큼 자라서 더 이상 자라는 것은 의미가 없다. 그래서 농부는 그를 막기 위해 일부러 논에서 물을 빼기도 하는 것이니, 이는 벼의 '웃자람'을 방지하기 위함이다. 그러면 벼는 이윽고 이제 자라는 것이 능사가 아니라, 후손을 맺어야 할 때가 되었음을 느끼고 벼꽃을 피우고 나락을 준비하는 과정으로 전환하게 된다. 이것이 바로 양에서 질로의 변환이다.

우리 대한민국 또한 1991년부터 양질변환의 시기를 맞이했지만, 말이 쉬워 양질변환이지 그게 그렇게 쉬운 일이 아니다. 그래서 대서 무렵을 위기의 때라고도 말하는 것이다.

1988년 무렵에 우리는 상당한 경제적 성장을 이루었고 민주화도 달성했다. 그것이 그간의 성장이었다면 1995년 실시한 지방자치제는 우리의 양질변환이 원만하게 이루어지고 있지 않음을 보여주는 예이다. 지방자치체 실시 이후 모든 지역이 지역이기주의에 빠져들었고, 전 국토가 지자체가 실시하는 개발사업의 장으로 변모해갔다. 이것을 상징하는 것이 지자체가 앞다투어 짓고 있는 청사다. 하나같이 아방궁처럼 웅자를 자랑하고 있지만 여기에 내실은 전혀 없다.

우리가 양질변환에 있어 잘하고 있지 못하다는 증거는 이것 말고도 많다. 전 국민적 아파트 열풍은 1964년에서 1988년까지 24년에 걸친 고도성장 시대 또는 개발 시대에 따른 것이었지만, 그후로 점차 정리되어야 했는데 오히려 2004년경부터 더 거세게 불어 닥치면서 전 국토와 우리의 삶을 아파트 열풍 속으로 휘몰아들게 했으니 이 또한 우리의 양질변환이 실패하고 있음을 보여주는 증거라 하겠다.

그러나 잘못된 것이 무한정 이어지지는 않는 법. 어느덧 내년 초 그러니까 2011년 신묘(辛卯)년 초, 다시 말해 1991년으로부터 20년의 시한이 채워지면 여전히 철을 모르고 때를 망각한 잔존해 있는 쓸데가 없는 에너지, 즉 폐열(廢熱)들이 삽시간에 자취를 감출 것이니 그 후유증의 극심함은 '저번 외환위기 정도는 저리 가거라!'일 것이다.

물론 우리가 모든 면에 있어 양질변환(量質變換)의 작업에 실패하고 있는 것만은 아니다. 도처에서 많은 희망의 단초들이 발견되고 있기 때문이다.

7~8월에 논을 갈아엎는 어리석은 농부가 되지 마라

농부는 3월 20일경의 춘분(春分)이 되면 봄기운이 강해지고 볕이 길어지니 장차 씨를 뿌리게 될 논과 밭의 갈이에 나선다. 그러고 한 달 뒤 4월 20일경의 곡우(穀雨)에는 모판에 볍씨를 뿌리게 되고, 다시 한 달이 지나 5월 20일경의 소만(小滿)부터는 모내기에 나선다.

다시 한 달이 지나서 6월 20일경인 하지(夏至)가 되면 그야말로 오뉴월 햇빛이라 벼가 매 시각 부쩍부쩍 자란다. 동시에 잡초 또한 무성해지는 때라 김매기로 여념이 없어진다. 이에 다시 한 달이 지나서 7월 20일경의 대서(大暑)가 되면 이제 벼는 키가 다 자라서 때론 논에서 물을 빼내기도 한다.

다시 한 달이 지나 8월 20일경의 처서(處暑)가 되면 벼꽃이 피고 수정이 되어 이삭이 맺힌다. 그러고 9월 20일경의 추분(秋分)이 되면 논에는 어느덧 황금물결이 일렁거린다. 그리고 10월 20일경의 상강(霜降)에는 쌀을 거두기 시작하니 비로소 그간의 수고를 보상받게 된다.

이에 다시 한 달이 지나 11월 20일경의 소설(小雪)이 되면 창고에 쌀을 모두 들여놓고 내다팔 것은 팔고 종자는 남기고 먹을 것은 광에 갈무리한다. 이러면 한해의 농사가 끝난 것이니 농부는 길고 긴 겨울 휴식에 들어간다.

벼농사의 과정이지만, 이것이 바로 운명의 흐름이다. 당신의 운명 또한 씨 뿌릴 때가 되면 씨를 뿌리는 것이고 거둘 때가 되면 거두고 쉴 때가 되면 쉬게 된다.

7~8월에 그간 애써 경작해온 논을 갈아엎는 어리석은 농부는 없다

어떤 젊은 친구가 찾아와서 자신의 일에 대해 상담을 한 적이 있다. 오랫동안 해오던 일을 그만두고 전혀 새로운 일을 시작해보겠다는 것이었다. 그래서 명을 살펴보고 운을 살펴보니 그 친구는 지금의 때가 7월 중순경이었다. 나이 차가 꽤나 되는 편이라, 편하게 말했다.

"아니 자네는 지금이 양력 7월 중순인데, 그간 경작해온 논을 몽땅 갈아엎어버리겠다고 하니 원 큰일날 일일세."

"7월인데 그간 애써 수고해온 논을 다 갈아엎은 뒤 거기에 다른 씨를 뿌리면 그게 10월에 가서 수확이 있을 거라 보시는가?"

"일조량이 절대적으로 부족하니 알곡이 열릴 까닭이 없지 않은가?"

물론 그 젊은 친구는 '뭥미' 하는 표정이었다. 그때부터 열심히 침을 튀겨가면서 설명을 해줬다. 타이르기도 하고 겁도 좀 줘가면서 말이다.

"자네 지금 논을 갈아엎으면 물론 10월에 가서 수확도 없을 것이니 얼마나 허무하겠는가? 이에 쓰라린 교훈을 얻어 다음해 봄에 가서 씨를 뿌리고 그것이 다시 10월이 되어 수확을 보려면 그게 얼마 정도의 세월인 줄 아는가."

"햇수로 정확하게 60년 하고도 15년이 걸린다네. 지금 자네 나이가 마흔이니 75년 뒤, 따라서 무려 115세까지 살아야 수확다운 수확을 볼 것이니 그게 가당키나 한가."

처음엔 울적한 표정을 짓던 그 젊은이가 나중에는 그건 말도 안 되지! 하는 표정으로 바뀐다. 당연하다. 말도 되지 않는다. 그간 해온 일이 성에 차지 않는다고 해서 다른 일로 방향을 바꾸면 그 친구는 정말이지 훗날 마음고생 돈고생 확실하게 약속을 잡는 셈이 된다.

지금 그 친구의 때는 7월 중순경이니 그 벼가 어떤 품종이든 그냥 들고 가면 앞으로 15년 후에 인생 전체에 걸친 나름의 수확을 얻게 되어 있다. 자기의 몫을 가져가는 것이다. 그렇다면 그 길을 가야지 왜 엄한 딴 길을 기웃거릴까?

7~8월에 그간 애써 경작해온 논을 갈아엎는 어리석은 농부는 없

다. 삶을 경영한다는 것은 농부가 농사를 짓는 것과 본질적으로 전혀 차이가 없다. 그런데도 사람들은 자신의 일이 눈에 보이지 않는다고 해서 논을 갈아엎기도 한다. 논밭갈이는 3월에 하는 것이지 7~8월에 하는 것이 아닌데 말이다.

이런 엉뚱한 생각이나 행동은 주로 30대 후반에서 40대 초반의 사람들이 저지른다. 피가 아직 너무나 뜨겁기 때문이고 가슴 속 욕망이 이글거리기 때문이다. 그래서 나는 이 나이대의 친구들을 두고 "물가에 내놓은 아기와 같다"는 표현을 즐겨 쓴다. 딴에는 세상 돌아가는 형편을 나름 알고 있다고 자부하겠지만, 진짜 중요한 것은 하나도 모르는 까닭에 일을 그르쳐도 크게 그르칠 나이가 바로 30대 후반과 40대 초반의 사람들이다. 욕망에 눈이 어두워져, 설령 본다 해도 실은 아무것도 보지 못하는 벌겋게 충혈된 맹목(盲目)의 나이인 것이다.

물론 어리석기는 다음과 같은 경우도 마찬가지다. 10월 상강이 되어 수확을 하게 되었다. 막상 여기서 끝을 보자니 아쉬운 느낌이 들어서 수확한 벼를 도정하지 않고 그냥 그 자리에서 씨로 뿌리는 경우다.

10월 하순의 벌판에 씨를 뿌렸으니, 겨울 동안 그 볍씨는 죄다 얼어 죽을 것이다. 그냥 그 쌀로 떡이나 해먹고 또 식량으로 쓸 일이지 말이다. 이런 멍청한 경우가 또 있으랴 싶지만 실은 뜻밖에도 무척 흔히 보게 된다. 농부는 10월 하순에 나락을 거두기 시작해서 11월 중순이면 창고에 다 집어넣게 되고 또 팔아서 돈으로 바꾼다. 그러고 나면 크게 할 일이 없다. 쉬어야 하는 것이다.

흔히 근면함은 대단한 덕목인데, 정작 쉬어야 할 때에 부지런한 것이 문제가 되어 일을 그르치는 사람도 많다. 돈과는 상관없는 일을 한다면 물론 문제가 없겠지만, 역시 승부는 판돈이 걸려야 한다는 생각에서 또 다른 사업을 시작하다 보면 나중에 큰 낭패를 본다.

겨울엔 역시 쉬어야 하는 법이다. 겉으론 쉬면서 실은 자기 내면의 세계로 들어가 홀로만의 여행을 떠나야 하는 법이다. 운명의 겨울을 맞이하면 '내면의 세계로 들어가 자기만의 여행을 하게 된다'는 이 말이 사실 무엇을 뜻하는지 겪어보지 못한 사람들은 이해하기 힘들지도 모르겠다. 하지만 겨울은 그런 계절이다.

만물은 다 때가 있는 법이다. 그리고 누구나 모두 자신의 때는 오는 법이다. 그렇기에 이 세상은 지극히 공평하고 또 공정무사하다. 세상의 다른 이름은 자연이니, 자연은 대공무사(大公無私)하다. 그렇기에 이 세상은 부단히 부조리하고 불합리한 것처럼 보이지만, 실은 끊임없이 쇄신하고 거듭나면서 이어져오고 있다.

따라서 혹시나 내게는 때가 오지 않거나 기회가 오지 않는 것이 아닐까 하는 생각이나 마음은 그저 조바심일 뿐이라 하겠다. 자신의 처지에서 할 수 있는 것을 성실하고 열심히 해가다 보면 이윽고 자신의 때가 오기 마련이다. 좀 진부한 말이지만 진인사대천명(盡人事待天命)인 것이다.

5장. 가을

安分自足

행복은
어떻게
오는가

열과 습은 사물을 성장하게 하는 근원적인 힘인데,

그것이 줄어든다는 것은 이제 성장은 그만 충분하니

다른 무엇으로 변환해야 함을 알리는 하나의 신호인 것이다.

처서를 맞이하여 둔괘를 생각하다

어제가 처서(處暑)였다. 말로는 입추부터 가을이라 하지만 그건 가을이 이제 발치에 당도해 있다는 것이고, 실질적으로는 처서로써 여름은 끝이 나고 가을이 시작된다. 그러니 오늘 아침, 찌푸린 저 하늘은 곧 가을하늘이다.

비구름 속에 번개 치는 형상의 둔괘는 조짐을 의미한다

며칠 전 밤, 구름 잔뜩 깔린 어두운 하늘을 돌연 번개가 번쩍 내리치며 환히 밝혀주었다. 마치 빛의 용이 밤하늘로 급히 승천하는 것 같았다. "참, 거 멋지네!" 하며 찬탄하다가 문득 주역의 둔괘(屯卦)가 떠올랐다. 둔괘는 수뢰둔(水雷屯)이다. 위에는 물이 있고 밑에 번개가 있다. 여기서 물은 비구름, 그러니 비구름 속에 번개가 번쩍이는 모습이 둔괘이다.

주역을 제법 읽었기에 예전에는 가끔 궁금한 일이 있으면 육효(六爻)를 빼보기도 했다. 이에 둔괘가 나오면 '에이, 틀렸구나, 아직은 시기상조야' 하면서 실망하곤 했다. 하지만 나이가 들고 세상을 좀 겪다보니 이 둔괘야말로 참 멋진 구석이 있다는 생각을 하게 되었다. 어떤 일이 당장 이루어지길 기대하는 자에게 둔괘는 분명 좋은 괘는 아니다.

먹장구름 잔뜩 깔려 있는 하늘에 번개가 치고 있으면 비가 내리는 중이거나 곧 비가 내리치기 직전 상황이다. 그러다가 비가 올 만큼 다 오고 나면 하늘이 맑게 갠다. 그러면 풀들이 부쩍부쩍 자라나고 나무들이 가지를 뻗어가며 잎사귀를 새롭게 만들어 단다. 이로써 새로운 세상이 열리는 것이다. 따라서 비구름 속에 번개 치는 형상의 둔괘는 조짐을 의미한다. 조짐(兆朕)은 어떤 일이 즉각 이루어진다는 의미가 당연히 아니다.

屯(둔)이란 글자는 '땅거죽 밑에서 싹이 움터오는 것'을 뜻한다. 다시 말해서 새싹이 현재 땅속에서 바깥으로 나오느라 한창 애를 쓰고 있음을 뜻한다. 아직 이루어지기 전이고 이제 조짐이 보인다는 것인데 어찌하여 멋지다 하는가?

물론 생각하기 나름이겠지만, 조짐이 보였으니 조만간 어떤 일이 있을 것이 틀림없다. 그러니 이를 시기상조가 아니라 개봉박두(開封迫頭)로 받아들일 수도 있다. 이에 여유를 가지고 기다리면서 결과를 지켜보는 재미가 여간 쏠쏠하지 않겠는가 하는 말이다. 그래서 이제 나는 수뢰둔의 괘를 썩 좋아하게 되었다.

여기서 나이가 들면 좋은 점에 대해 잠깐 얘기하면 두 가지 장점이 있는 것 같다.

하나는 혈기 왕성한 젊은 시절보다 세상 일이 생각보다 더디 된다는 것을 알아서 느긋하게 기다릴 수 있다는 점. 또 하나는 속내를 밝히거나 털어놓지 않아도 그다지 답답하지 않아서 말로 인한 실수가 적어진다는 점이다. 이런 것을 두고 사람들은 노회(老獪)하다는 다소 부정적인 평을 하는 것 같지만 어쨌거나 이제 나 호호당도 제법 노회해진 것이 사실이다.

어쨌든 둔괘는 조짐을 뜻하는데, 처서 무렵이면 하얀 벼꽃이 핀다. 꽃이 피면 바로 수정에 들어가 그로써 알곡을 만들기 시작한다. 벼꽃이 피었다는 것은 이제 알곡이 생겨날 조짐이다. 모든 일은 그에 앞서 조짐이 있으며, 또 지금 생겨난 일은 나중 일의 조짐이 된다.

외롭다는 것은 연애의 조짐이고, 연애는 결혼의 조짐이고, 결혼은 출산의 조짐인 식이다. 그러니 그 어떤 일도 그 자체로써 끝나거나 완성되는 것이 아니라, 나중 일의 조짐이 된다. 이를 불교에선 인과(因果)라고 한다.

따라서 알곡을 만들어내는 벼꽃이 피고 있다는 말은 그해 가을의 결실은 사실 그맘때, 벼꽃이 피는 때에 모두 결정된다는 뜻이다. 비단 쌀의 작황만이 아니라, 세상 모든 것은 처서에 그해의 결실이 어떠하리라는 조짐을 보여준다.

왜 처서가 중요한가?

그것은 처서로부터 모든 기운이 음(陰)으로 돌아서기 때문이다. 빛은 6월 20일경의 하지로부터 줄어들기 시작하고, 열(熱)은 7월 20일경의 대서로부터 줄어들기 시작한다. 그리고 공기 중의 습기(濕氣)가 처서로부터 줄어드니 세상을 만들어가는 모든 기운이 처서로써 모두 음(陰)의 국면, 즉 줄어드는 국면으로 들어간다. 음의 국면은 6개월간 이어져 다음해 2월 20일경의 우수(雨水)에 가서 양(陽)으로 전환된다.

이 기간(음의 국면)을 두 개로 나누면 바로 가을과 겨울이다. 가을은 처서부터 양력 11월 20일경의 소설(小雪)까지 3개월이고, 겨울은 소설로부터 다음해 2월의 우수까지 이어진다. 가을은 결실을 보는 계절이고, 겨울은 이제 끝이 났으니 해체되는 뒷정리 기간이다. 그렇기에 가을의 상황을 예측할 수 있는 시기는 바로 처서인 것이다.

처서를 전후해서 신문지상에 오르내리는 다양한 뉴스들, 정치와 경제, 기타 여러 방면의 소식들이 그해에 있을 수 있는 결실들을 결정짓는다.

정치를 보면 이웃나라들과의 관계, 특히 일본과 중국과의 관계가 우려스러울 정도인데 이는 장차 그 나라들과의 모든 것이 어려워질 조짐이다.

경제 역시 좋지 않다. 이번 달 우리 수출이 수입보다 적어서 적자를 보일 전망이라고 하니 장차 무역수지의 악화가 우려된다. 부동산 하락세가 이어지고 있으니 앞으로도 계속 이런 추세가 유지될 것은 당연한 일이다. 이런 식으로 최근에 보도되는 내용들이 그해에만 영향을 미치는 것이 아니라 서로 꼬리를 물면서 길게 영향을 미친다. 처서에 나타난 조짐들은 단순한 조짐이 아니라 짧게는 그해 하반기를 결정하고 길게는 그 영향력이 3년에서 5년에 걸쳐 미친다.

비구름 속에 번개가 치고 있으니 비가 올 조짐이고, 비가 오면 초목이 무성해져서 세상이 풍성해질 것이며, 이는 가을에 풍성한 결실로 이어질 것이다. 풍성한 결실은 다음 해에까지 영향을 미쳐 기근으로 고생하는 사람 또한 적어질 것이다. 이는 시장경제가 글로벌 스케일로 엮여 있는 오늘날도 옛날과 비교해서 사실 그다지 변한 것이 없다는 생각이다.

어떤가, 이정도면 내가 조짐을 보여주는 둔(屯)의 괘, 수뢰둔의 형상을 좋아하는 이유로 충분하지 않은가?

처서, 양적 성장에서 질적 성장으로 변환해야 하는 때

한여름 무더위가
이제 서서히 멈추기 시작하는 때

처서에서 暑(서)는 '무더위'이고 處(처)는 장소라는 뜻과 함께 '정지하고 멈추다'는 뜻도 있으니, 처서는 '한여름 무더위가 이제 서서히 멈추기 시작한다'는 뜻이다.

세상 모든 것은 열(熱)과 습(濕)을 통해 생겨나고 자라고 또 이루어진다. 이루고나면 거두어들이며 거두고나면 사라지는 법이다. 그것이 끝나면 또 새롭게 시작하는 것이고. 이런 과정을 설명하는 것이 육기(六氣)라는 이론이다. 오운육기(五運六氣)에서의 육기 말이다.

가장 추운 1월의 대한으로부터 만물이 소생의 기미를 보이고, 3월의 춘분이 되면 만물이 자라기 시작하며, 5월의 소만이 되면 뻗어가다가, 7월 하순의 대서로써 자라야 할 것은 다 자라나 성장을 멈추게 된다.

다 자랐으면 이제 후손을 남기거나 열매를 맺거나 해서 무언가를 남겨야 하는 때가 된 것이다. 자라는 것이 아니라 또 다른 무엇으로 변화하는 것을 화(化)라고 하는데, 7월의 대서부터 9월의 추분까지 벼가 알곡을 만들어내는 것이 그 예라 하겠다.

물론 변화의 때가 왔음을 감지하는 것이 쉬운 일은 아니다. 이에 천지의 순환은 대서로부터 한 달이 지난 처서에 무더위를 잦아들게 해서 이제 더 이상 뻗어갈 때가 아니라 무언가로 변화할 때가 되었음을 마지막으로 알린다.

열과 습은 사물을 성장하게 하는 근원적인 힘인데, 그것이 줄어든다는 것은 이제 성장은 그만 충분하니 다른 무엇으로 변환해야 함을 알리는 하나의 신호인 것이다. 이것이 처서의 역할이다. 만물은 처서의 신호를 받아들이고 그에 따라 가을의 결실을 준비함에 있어 하등의 어김이 없다. 천지자연의 위대한 공능(功能)을 뉘라서 감히 어길 수가 있으랴!

처서는 마무리하고
결실을 보는 데 열중해야 할 때

그런데 그 신호를 이해하지 못하거나 받아들이지 않는 존재가 있다. 과연 누가 그럴 수 있겠는가? 바로 우리 인간들이다. 인간들이 기술이란 것을 믿고 의지하는 존재가 되다 보니 천지자연의 공능을 우습게 여기는 자가 한둘이 아니다. 그러나 결과는, 요즘 말로 '피'를 본다.

60년의 주기에 24절기를 적용해보면 절기는 2년 반, 즉 30개월 간격으로 이어진다. 1964년에 시작된 우리 국운에서 대서는 27년 하고도 6개월이 지난 시점이니, 1991년 여름이 된다. 그렇다면 처서는 그로부터 5년 뒤가 되니 1996년 여름이다.

1996년 우리는 소득 1만 달러가 되어 선진공업국 클럽인 OECD에 가입했으니 우리 경제가 무럭무럭 성장한 결과였다. 동시에 양적 성장에서 질적 성장으로 변화하여야 하는 때가 되었던 것이다. 그러나 여전히 양적 성장에 매달리던 사람들과 기업들이 많았다. 국운의 처서가 되어 이제 자라는 것은 그만하고 결실의 단계로 들어서야 한다는 신호가 들어왔건만 무시하는 자들이 많았던 것이다.

어떤 결과를 보았는가? 1997년 말 외환위기가 바로 그것이다.

진로와 쌍방울, 해태 등의 기업이 그랬다. 그냥 해오던 소주나 내의, 과자 등을 더욱 열심히 만들고 품질을 높이는 데 전념했어야 하는 것을 뒤늦게 전기전자가 돈이 된다 하니 후발주자로 뛰어들어 적극적 성장전략을 채택한 것이 1997년 외환위기로 모두 날아가고 말았다. 한보 역시 철강에 손을 대면서 무너지고 말았고.

기업들만 그런 것이 아니다. 그냥 다니던 직장에만 충실하면 될 것을 "한 직급 올려준다", "봉급 몇 푼 더 준다" 하는 말에 혹해서 이직했던 수많은 사람들이 이때 직장을 잃고 영락하고 말았다.

금융도 마찬가지였다. 당시 소위 시중은행들은 다각화를 통해 양적 성장을 도모하는 기업이 늘어 대출 수요가 급증하자 잘 따져보지도 않고 이자놀이에 여념이 없다가 모조리 공적 자금을 받아 통폐합되었다. 또 뭘 모르고 국제금융에 뛰어든 종금사들은 하나같이 퇴출되고 말았다. 이에 그들을 따라 이직했던 사람들도 마찬가지 신세가 되었음은 물론이다.

이 모두 1996년 여름, 국운의 처서를 맞이하여 질적 변환의 시기를 감지하지 못했던 기업과 사람들의 말로(末路)였다. 이 모두 기술만능에 입각하여 천지자연의 순환을 감지하지 못하거나 우습게 여긴 나머지 막심한 대가를 치른 것이다.

이는 비단 우리만의 문제가 아니었다. 내가 살펴본 결과 거의 모든 나라가 그리고 역사가 이런 고생을 겪어왔다.

60년 주기를 넘어 360년 주기로 살펴도 그런 일을 볼 수 있다.

예를 들면 미국의 베트남전도 그렇다. 1783년에 시작된 미국의 360년 국운 상 195년이 지난 1978년은 처서였다. 당시 미국은 무리한 베트남전 수행으로 피폐해진 나머지 국력을 크게 손상했고 달러의 금 태환 정지를 단행해야만 했다. 그 이후 미국은 결국 수입에 의

존하는 나라로 변해가면서 금융 플레이로 먹고 사는 처지가 되고 말았으니 이 모두 무리하게 수행한 베트남전 때문이다. 그런데 미국은 힘을 약간 회복하자 또 다시 이라크 전쟁을 시도했으니 미국의 국력은 이로써 결정적인 손실을 입고 말았고, 이는 나중에 금융위기로 이어졌다.

처서가 되면 열과 습이 줄어드니 이제 양적 성장을 지양하고 그간 해오던 일에 더욱 전념해서 결실을 맺어야 한다. 1997년 외환위기 이후 본업에 충실했던 삼성전자나 여타 기업들은 글로벌 일류 기업으로 성장할 수 있었으니 그 좋은 예라 하겠다.

60년 주기에서 우리의 국운은 2006년 풍성한 수확의 때인 상강을 맞아 더 없는 호사를 누렸고 2009년 입동, 2011년 소설을 지나 지금은 대설을 지나고 있는 중이다. 소설로부터 시작된 북풍한설은 그 기세가 점점 거세지고 있는데, 추위를 가져오고 있는 대표적인 사안은 바로 부동산 문제, 이는 외생 변수가 아니라 우리 국운 자체의 내생 변수이니 피해갈 도리가 없을 것이다.

대통령은 대기업들에게 투자를 확대하라고 하지만, 냉정하게 말해서 지금은 투자를 확대할 때가 아니다. 직원 한 명을 뽑으면 천 몇백만 원의 세금 공제 혜택을 주겠다고 하지만 그 또한 어려운 얘기에 불과하다.

LH 공사에는 수 조의 공적 자금이 투여될 것이고, 용산 국제업무지구 개발 사업 역시 어림도 없는 얘기이다. 삼성물산이 꼬리를 자르고 도망가는 도마뱀처럼 보이지 않는가 말이다. 나아가서 여태껏 마무리되지 못한 PF(Project Financing) 사업들은 일제히 대손처리될 것이다.

그러니 지금은 해오던 사업의 효율을 위해 부분적으로 비용을 들이면 들였지 결코 새로운 사업에 손을 댈 때가 아니다. 이에 일자리는 더 이상 늘어나지 않고 청년 백수만 양산되고 있는 힘든 상황이다.

지금의 때를 육기로 살피면 2001년부터 시작된 수기(收氣)의 단계, 모든 것을 거둬들이는 수확의 철이 마무리되고 2011년부터 시작된 장기(藏氣), 즉 모든 기운이 사라져버려 보이지 않는 단계를 지나고 있다.

처서의 때는 긴 주기에서만 그런 것이 아니라 한해에서도 마찬가지다. 처서는 새로운 일을 시작할 때가 아니다. 그간 추진해오던 일들을 마무리하고 결실을 보는 데 열중해야 할 때인 것이다.

비었으니 채울 것이고, 채웠다면 이제 비울 것이니

지난 토요일 오후 8시 16분으로부터 백로절을 맞이했다.

희게 빛나는 이슬, 아침햇살을 받아 영롱하게 빛나는 크리스털과도 같은 자연의 보석이 백로(白露)이니 실로 사랑스런 단어이다.

백로를 과학적으로 설명하면 여름 내 공기 중에 떠다니던 다량의 수분들이 큰 폭의 일교차에 의해 밤 시간에 응결되어 새벽 나절에는 제법 큰 물방울로 변하는 현상이다.

백로를 물의 순환이라는 보다 더 큰 차원에서 얘기하면 이제 공기 속의 물이 땅속으로 흡수되는 현상이다. 공기 중의 수분이 밤에 응결되어 새벽녘에 물방울이 되니 그 무게로 인해 떨어져서 땅으로 흡수되고 일부는 다시 데워져서 공기 속으로 증발한다. 그러면서 공기 중의 물은 서서히 땅속으로 흡수되는 과정을 밟게 되는데, 백로절이란 그 과정이 본격화되는 철을 말한다.

백로절의 아침이슬이 의미하는 것

여기까지만 얘기하면 지구과학 수업으로 끝이 난다. 그런데 이것이 운명의 깊은 이치와 맞닿아 있다는 것을 사람들은 미처 알아차리지 못한다.

아침 한나절 솔잎 끝에 맺혀 반짝거리는 이슬이 과연 무엇을 상징하는 것인지 약간의 시적 상상력을 발휘해보기로 하자. 어떤 이치를 제대로 파악하기 위해선 냉철한 이성도 중요하지만 직관 혹은 문학적 상상력도 필요한 법이니 말이다.

백로절을 맞이하여 아침나절 영그는 이슬을 보석, 인공으로 깎아낸 보석보다 더 아름다운 자연의 보석이라고 생각해주기 바란다. 물론 값이 없지만 돈과 상관이 없다고 해서 아름답지 않거나 시시한 물건은 결코 아니다. 특히 백로절의 아침이슬은.

그러면 다음 단계로 넘어가보자.

백로절의 아침이슬은 자연이 지닌 생명력의 정화(精華) 혹은 진수(眞髓) 또는 에센스라는 생각으로까지 발전시켜보자. 여름철 뜨거운 열기와 함께 무더위가 되어 우리를 괴롭혔던 공기 중의 수분이 알고 보니 우리에게 대단히 고귀하고 소중한 영양가 있는 것이었다는 생각을 해보자.

이 생각을 가진 채로 또 다시 그간 소중한 것들이 허공 속에 흩어져 있었지만 이제 백로절을 맞이하여 응결되고 뭉쳐서 땅으로 돌아온다는 생각을 해보자. 땅이 무엇인가? 땅은 그대로 땅이기도 하지만 우리 자신이기도 하다. 예로부터 사람들은 높은 하늘 아래, 낮은 땅위에 발을 붙이고 살아가는 우리 스스로를 땅이라 여기기도 했지 않은가.

이제 되었다. 백로절의 아침이슬은 소중하고 영양가 있는 것들로서 무더운 여름내 공기 중에 흩어져 떠다니다가 백로절에 이르러 응결되고 결실을 맺어 우리의 손안에 들어오고 있는 것이다.

농부는 4월 중순에 씨앗을 뿌렸던 벼가 얼마 전 낟알을 맺더니 백로절부터 서서히 하루가 다르게 누런색을 띠기 시작하는 것을 보면서 미소를 짓는다. 경험 많은 농부는 낟알이 처음에는 옅은 색이지만 시간이 지나면서 황금색으로 변해간다는 것을 알고 있다. 백로절부터 황금으로 변해가는 벼의 낟알이나 아침나절의 영롱한 이슬이나 모두 자연의 정기가 응결된 자연의 보석이고 정화인 것이다.

실은 모두 같은 것이다, 맺힌 이슬이나 무르익어가는 낟알이나. 모두 한해에 걸친 수확이다. 차이점이 있다면 벼의 낟알은 농부의 땀이 들어간 것이고 이슬은 자연의 노고라는 점이다. 그렇기에 보석이라 하는 것이다. 이는 단지 비유가 아니라 액면 그대로 자연의 영롱한 보석이다.

이런 까닭에 고래로부터 많은 시인들이 백로절의 아침이슬을 보면서 시적 감수성을 발휘하여 아름다운 시를 남겨왔다. 솔잎 끝에 알알이 맺힌 이슬이나 벼에 알알이 맺히는 낟알이나 모두 자연의 보석이라는 점, 이제 이해하셨을 것이다.

백로절은 성과가 무르익기 시작하는 때

그렇기에 해마다 9월 7~8일경에 맞이하는 백로절은 그냥 아침이슬이 맺히는 철이 아니라 한해의 노력과 수고가 응결되고 결실을 맺어 영글기 시작하는 때라는 것을 이제 이해할 수 있을 것이다.

9월 초순의 백로절이 되면 벼의 낟알만 영그는 것이 아니다. 자연의 결실과 더불어 인간 사회가 각 분야에서 저마다 지나간 봄부터 경영해온 모든 것들이 이제 결실로 나타나기 시작하는 때가 바로 백로절이다. 물론 아직은 가을걷이에 나설 때는 아니다. 그것은 10월 중순의 일이다. 하지만 올해의 가을걷이가 어느 정도 될 수 있으리라는 것을 추량(推量)할 수 있는 때가 바로 백로절이다. 따라서 백로절은 한해의 성과를 가늠해보는 때, 가늠해볼 수 있는 때라 하겠다. 다시 말하면 성과가 무르익기 시작하는 때이고 우리의 시야에 들어오기 시작하는 때이다.

사물과 사람의 운명에 있어서도 백로는 같은 의미를 지닌다.

60년을 한해로 비유하여 절기를 매겨가다 보면 입춘이란 시작점으로부터 30년이 지나면 입추이고 그로부터 다시 5년이 경과한 때가 백로절에 해당된다. 즉 입춘으로부터 35년이 흐른 시점이 운명의 백로절이다.

나는 이때에 황금재운(黃金財運)이란 명칭을 붙였다. 그냥 골드, 즉 금이 아니라 벼의 낟알이 황금빛을 보이기 시작하는 때이고 아침 이슬이 보석처럼 빛나는 때이기에 '황금의 재운'이란 명칭을 붙였다. 황금재운은 입춘이라는 바닥 혹은 새로운 시작으로부터 어떤 주체가 시도해온 그간의 노고와 경영에 대해 이제 그 결실을 가늠해볼 수 있는 때를 말한다.

하지만 사람들은 어떤 이가 황금의 재운에 도달했어도 그가 곧 수확을 볼 사람이라는 것을 알아보지 못한다. 그저 제법이구나 하는 정도가 고작이다. 심지어는 본인 스스로도 자신의 논에 황금물결이 들어서기 시작하고 있다는 것을 모르기도 한다. 사람들의 눈은 지독한 근시라서 오로지 돈만 눈에 보일 뿐, 이제 막 영글기 시작한 황금의 낟알은 보지 못한다. 골드만 황금인 줄 알고 돈만 돈인 줄 아는 것이 사람들이다. 사람들은 백로절의 아침이슬이야말로 진정한 보석인 줄 모른다. 상상력이 결여된 사람들이기 때문이다.

앞에서 이치를 제대로 알려면 냉철한 이성과 함께 시적 상상력이 필요하다는 얘기를 한 것도 이런 맥락에서이다. 하지만 아무리 까막눈이고 근시라 하더라도 눈앞에 바짝 갖다 대면 알게 된다. 자연의 보석으로 응결된 백로절의 아침이슬은 60년에 걸친 운명의 순환에 있어 정확하게 10년, 하루도 어김이 없이 10년이 지나면 그것이 황금인 것을 모든 이가 인지하게 된다.

백로로부터 5년이 지나면 가장 화려한 때인 한로가 되는데 한로는 찬 이슬이란 말이니, 더욱 더 응결되어 정련이 된 이슬을 말한다. 이 정도가 되면 알아차리는 사람들이 등장하게 된다. 다시 그로부터 2년 반이 지난 상강이 되면 더욱 응결되어 단단한 얼음이 되니 이제 알 사람은 거의 알게 된다. 가장 눈이 나쁜 사람일지라도 백로로부터 10년이 흐른 입동이 되면 백로절의 이슬이 황금이고 돈이었다는 사실을 알아차리게 되니 이제 모든 사람이 알게 된다.

어떤 사람이 가을걷이를 알차게 거둘 것이라는 사실을 조금 일찍 알아차린 사람들은 그 사람 주변에 좀 더 일찍 모여들고, 결국 모든 이가 다 모여들게 되는 것은 그로부터 5년 뒤의 일이다. 여기에서 5년 빨리 알아차린 사람을 두고 식견이 있다고 하고, 5년 늦은 이를 일러서 시쳇말로 '개나 소나'에 속한다고 한다.

입추는 기(氣)의 완성이고 입동은 형(形)의 완성이다. 우리 대한민국의 경우 형이 완성된 입동의 때는 2009년이었다. 우리의 모습이 구체화되자 세계는 우리를 알아보고 인정해주기 시작했다. 그래서 세계의 강국 스무 개 나라가 서울로 모여들어 G-20 정상회담을 했고, 한류 또한 급속도로 전파되어 가고 있다.

하지만 세상은 지극한 역설인 것이니 형이 완성되었다는 것은 이제 더 이상 새로운 것, 변화발전의 힘이 내부에 없다는 말이기도 하다는 점이다. 형은 15년간 유지될 것이니 그 사이에 내부로부터 서서히 균열이 생기고 비어가기 시작한다는 말이기도 하다. 이에 2024년 국운의 입춘이 되면 이미 모든 생산력은 소진되고 빈껍데기만 남아 있게 된다.

그러나 다시 한 번 묘하고도 묘한 자연의 이치는 텅 빈 껍데기가 되는 바로 그 순간부터 또 다시 새로운 생명력을 깃들게 할 것이다. 비었으니 채울 것이고, 채웠다면 이제 비울 것이니 이 이치는 영원토록 변함이 없다.

이 글을 읽고 나서 아침나절의 아침 이슬을 다시 한 번 눈여겨보시기를. 그 이슬은 자연의 보석이고 정화이며 에센스인 것이 눈에 확연히 들어올 것이다.

추분, '불만에 찬 돼지'가 되지 않기를

긴 추석 연휴가 끝났다. 조금 지루했다. 몸이 그다지 성치 않은 바람에 이번 연휴를 통해 실컷 그림을 그려보자던 내 계획은 완전히 빗나가고 말았다.

오늘은 추분(秋分)이다. 오늘 해는 6시 20분에 뜨고 저녁 6시 28분에 진다고 하니, 낮 시간이 12시간 하고도 8분이다. 추분으로써 낮과 밤의 길이가 같다고 배웠지만 실제로는 해마다 조금씩 차이가 있다.

하지만 며칠 후면 밤이 더 길어질 것이다. 낮보다 밤이 길다는 것은 빛보다 어둠이 많다는 얘기이다. 빛은 곧 희망이고 비전(vision)이니 추분부터는 낙관보다 비관이 많아진다는 말이다. 추분은 바로 낙관과 비관의 전환점이고 명암이 뒤바뀌는 변곡점인 셈이다.

한해의 결실은 추분이 지나면서부터 얻어진다. 들판에 무르익은 알곡은 추분이 지나면서부터 거둬들이기 시작한다. 추분에 수확의 때가 시작되지만 동시에 낙관보다 비관이 많아진다는 점, 이 대목이야말로 늘 생각하고 아무리 생각해봐도 가장 기묘한 역설이 아닐 수 없다. 인간사의 모든 행과 불행은 이 대목에서 나뉘기 때문이다. 추분은 실로 우리 삶에 있어 영원히 해결하기 어려운 비밀을 간직하고 있다고 나는 생각한다.

사람은 무엇으로 사는가

'사람은 무엇으로 사는가?' 하는 오래된 숙제가 있다. 이 질문에 대한 답은 사람에 따라 다르다. 어떤 이는 '사람은 밥을 먹고 산다'고 답하고, 또 어떤 이는 '사람은 꿈을 먹고 산다'고 답하기도 한다.

인류의 사상과 철학사에 있어 이 질문이야말로 어쩌면 가장 핵심적인 것일 수도 있겠다. 사람들이 흔히 '물질'과 '정신'을 나누는 것도 바로 이 질문과 깊은 관련이 있다. 이 이분법(二分法)은 고상한 철학자나 사상가들만의 문제가 아니라, 보통 사람들에게도 늘 갈등을 일으키는 숙제이기도 하다.

결혼 상대자를 고를 때 흔히 등장하는 돈이냐 사랑이냐의 문제도 역시 정신과 물질의 갈등이지 않은가? "다이아 반지가 그렇게도 탐나더냐?" 하며 심순애를 원망하는 이수일의 비난성 멘트가 바로 그것이지 않은가 말이다.

자본주의와 시장주의, 신자유주의를 공격해대는 좌파의 목소리도 그 바탕에는 '정신이 물질보다 우위에 있다 혹은 우위에 있어야 한다'는 가치관이 반영되어 있다. 그런가 하면 "하루를 살아도 (사랑하는 사람과 함께여서) 행복할 수 있다면 나는 그 길을 택하고 싶다"는 유행가 가사도 역시 정신의 물질에 대한 승리를 구가하고 있다.

이처럼 고래로부터 많은 사상가들과 문인들이 물질에 대한 정신의 우위를 그토록 강조하고 노래해오고 있지만, 현실의 세상은 참으로 묘하게도 정신이 물질을 이기는 법이 그다지 없다는 사실이야말로 역설 중에 역설이 아니면 달리 무엇이겠는가?

정신적 풍요가 더 중요하다고 하면서 왜 현실에서 대부분의 사람들은 물질적 풍요에 매달리고 있는 것일까? 줄여 말하면 돈보다 사랑이라 입으로는 말하면서 왜 행동은 돈에 더 매달리고 있냐는 것이다.

사실 그 이유는 간단하다. 물질이 정신에 비해 결코 약하지 않기 때문이다.

어쨌든 사람은 밥과 꿈을 먹고 산다. 밥만이 아니라 꿈, 꿈만이 아니라 밥, 그러니까 물질과 정신 모두 사람에게는 필요한 것이다. 다시 말하면 돈도 좋고 사랑도 좋은 것이다.

그렇기에 "하루를 살아도 행복할 수 있다면 나는 그 길을 택하고 싶다"는 말에 깊이 공감하면서도 현실로 돌아와 정신을 차리고 나면 "그런데 말이지 인생은 하루만 사는 것은 아니잖아" 하면서 제 자리로 돌아오는 우리들이다. 이 대목에서 냉정히 말하면 '하루를 살아도 행복' 운운하는 생각은 감성에 속하는 것이고, '긴 인생 정신 차리고 살자'는 자세는 이성에 속한다. 무슨 말인가 하면 정신을 강조하는 것보다는 물질 감각, 현실 감각이 차라리 더 이성적인 사고에 가깝다는 점이다. 즉 당신이 이성적 사고의 소유자라면 물질에 더 신경을 쓰는 사람이고, 감성적 사고의 소유자라면 정신을 더 중시하는 사람이라는 말이다.

하지만 정신과 물질, 감성과 이성은 우리에게 모두 중요한 것들임에 틀림없다. 다시 말해서 사람은 밥을 먹고 살지만 동시에 꿈도 먹고 사는 존재이다. 즉 물질의 만족도 중요하고 정신의 만족도 중요한 것이니, 나 호호당은 정신과 물질로 나누는 사고방식 자체를 그다지 좋게 생각하지 않는다. 정신과 물질의 구분은 우리 관념의 산물일 뿐 본질에 있어서는 나눌 수 없는 하나이다.

돈이 풍족한 것도 행복한 것이고 좋은 친구나 동반자가 있거나 또는 자신의 하는 일이 마음에 들어서 행복한 것도 좋은 것이다. 중요한 것은 균형 혹은 중용(中庸)에 있는 것이지 그 어느 것도 치우치거나 과다하면 좋을 것이 없다.

이쯤에서 다시 추분으로 돌아가서 얘기해보자.

추분부터 희망 즉 정신의 만족은 줄어들고 물질적 풍요는 극대화된다. 추분으로부터 한 달이 지나 10월 하순에 가서 제아무리 풍족한 알곡을 거두어들여도 정신의 만족감은 급격하게 줄어든다. 풍족한 수확을 앞에 놓고 정신의 불만족을 느끼는 것이다. 겨우 이게 고작이냐 하면서 툴툴 거린다.

이는 사실 물질에 대한 불만이 아니라, 정신의 불만이다. 남들 보기에 성공했음에도 불구하고 허전한 사람, 남들 보기에 좋은 가정을 꾸려서 자녀들을 잘 장성시켰음에도 불구하고 허전한 사람, 이런 등등은 물질의 불만이 아니라 실은 정신의 불만이다. 물질은 풍요로워졌음에도 불구하고 뭔지 알 수 없는 허탈감, 충족되지 않은 이 느낌을 사람들은 정신의 불만이라고 말한다.

오랫동안 목표를 정하고 노력해서 마침내 성취를 했음에도 불구하고 정작 성취한 사람들이 알 수 없는 이유로 불안해하고 허전해하는 것은 바로 이런 것이다. 이 모두 더 이상 희망이 없거나 희망이 줄어들고 있기 때문이니, 이는 추분으로부터 시작된다. 우리 대한민국 역시 2001년 무렵 분명히 풍요로운 대한민국을 건설한 것이 사실인데, 그때부터 치열한 내부 이념 전쟁에 돌입했던 것도 역시 그때가 국운의 추분이었기 때문이다.

하지부터 추분에 이르는 시기

'그렇다면 희망도 있고 의욕도 가득하며 동시에 물질도 그런대로 좋은 때는 과연 없는 것일까?' 하는 생각이 들 수도 있겠다. 사람에게 있어 정신과 물질 모두 중요한 것이니 말이다. 하지만 왜 없겠는가? 저 위대한 자연이 얼마나 대단한 안배를 해놓고 있는데 없을 리 만무하다.

그것은 하지부터 추분에 이르는 시기이다. 다시 말해 빛이 가장 긴 6월 23일경의 하지가 되면 희망과 의욕은 절정에 도달하고 동시에 그런대로 먹을 것도 풍부해서 실로 좋은 계절이다. 우리 국운으로 치면 1986년이 바로 하지였다. 그해부터 수출이 급신장세를 보이면서 우리 경제가 급발전하고 선진공업국의 관문을 넘어섰으니, 대부분의 사람들이 행복한 때였다. 증시는 대거 상승을 거듭했고 부동산 가격이 오르기 시작해서 자산효과가 나타났으며 일자리가 대거 늘어나서 대학만 나오면 취업은 '따 놓은 당상'이었던 시절이었다. 뿐만 아니라 민주화로 이행하면서 우리는 정치와 경제 양면에서 커다란 성취를 보였다.

운(運)이란 자연의 변화, 즉 계절의 변화에 지나지 않는다. 다만 사람마다 운의 때, 즉 계절이 다를 뿐이다. 지금 이 순간에도 누군가는 한겨울인가 하면 반대로 어떤 이는 하지를 막 지나고 있으니 저마다 다를 뿐이다.

가을은 결실의 계절이자 우수(憂愁)의 계절이다. 그런데 왜 우수에 젖는가? 간단히 말하면 불만이 속에서 차오르기 때문이다. 그 가을의 절정에 존재한 자리가 바로 추분이니, 추분은 물질과 정신 간의 갈등에 있어 묘한 비밀을 간직하고 있는 때이다.

이 세상에서 가장 불행한 자는 ‘불만에 찬 돼지’가 아닐까 싶다. 이 말은 물질은 풍요로운데 정신은 공허한 자를 비유하는 말이니, 이 좋은 가을을 맞이하여 이 글의 독자가 불만에 찬 돼지가 되는 일은 없기를 바라는 마음이다.

한로의 운에 새로운 일을 벌이지 말라

한로는 봄부터 기울여온 노력의 결실을 보는 추수의 계절

여러 글을 통해서 나는 '한로(寒露)의 운'에 새로운 일을 벌이지 말라고 강조하였다. 다음주 화요일, 10월 8일이 한로가 된다. 한해 중에서 가장 좋은 때가 시작되고 있다. '10월의 어느 멋진 날에'라는 노래처럼 가장 멋진 계절이다. 그렇기에 한로에는 가을놀이가 본격화되고 10월 23일 상강(霜降)에 가서 절정을 이루면서 마무리된다.

하지만 한로, 상강 사이는 놀고 즐기는 일만 있지는 않다. 농부에게는 이때야말로 봄부터 기울여온 노력의 결실을 보는 추수의 계절이기도 하다. 산천경계 구경 다녀서 좋고, 그간의 결실을 보니 좋은 때가 한로와 상강 사이이다.

그런데 한로와 상강 사이에 어느 누가 볍씨를 뿌린다고 한다면 모두가 생뚱맞게 여길 것이다. '아니 저거 겨울에 다 얼어 죽을 판인데 왜 그러지?' 하면서.

얼마 전에 ○○그룹이 급기야 해체되었다. 왜 그랬던 것일까? 이유는 지극히 간단하다. 한로에 볍씨를 뿌렸기 때문이다.

○○그룹의 ○○○회장은 1990년이 일생에 있어 가장 화려한 한로였다. 그 무렵 그룹 회장의 사망으로 회장 자리를 이어받았으니, 이처럼 한로는 망외(望外)의 행운이 따르는 때이기도 하다.

그룹의 새로운 총수가 되고 보니 존재증명을 위해 뭔가 업적을 쌓고 싶은 마음이 있었을 것이다. 그래서 손을 댄 것이 골프장 사업이었다. 1980년대 후반에 출범한 ○○레저는 2000년부터 사업을 본격화했지만 그때 ○○○회장의 운세는 이미 큰 눈이 펄펄 내리는 대설이었다.

○○그룹이 이번에 쓰러진 것은 골프장을 짓는데 필요한 자금조달이 문제가 되었다. 회사채와 기업어음을 발행해 골프장을 짓고 분양했지만, 이미 골프장 사업은 황금알을 낳는 사업이 아니었다. 황금알은커녕 돈 먹는 하마로 둔갑해 있었던 것이다. 물론 그는 고 정주영 회장의 책 제목처럼 '시련은 있어도 실패는 없다'는 정신으로 밀어붙였을 것이다. 끝내는 잘 되리라 기대하면서.

설혹 한로에 새로운 일을 벌였다 해도 잘 안 되면 그것으로 그만 두는 것이 좋다. 적지 않은 손해나 피해를 보더라도 거기에서 그치는 것이 좋다는 말이다. 그런데 '이 정도 일이야 과거에 내내 있었던 일이고 또 극복해오지 않았던가' 하면서 계속 어려움을 견디면서 고집을 부리다가 그것이 운세의 대설에까지 이어지면 그때는 구제불능이 된다. 그냥 왕창 망해버리고 만다. 버텨본들 운은 이미 더 기울고 있기 때문이다.

한로에 어떤 새로운 일을 시작했다가 손해를 좀 보거나 아니면 골치가 아파서 대설 무렵에 정리했다면 그건 사실 아주 다행한 일이다. 이른바 주식을 샀다가 도저히 회복이 안 된다 싶으면 손해 보고 팔아치우는 것을 손절매라 하는데, 그럴 수 있는 사람은 참 다행인 셈이다. 그런데 한로에서 시작한 일이 어려워지자 승부욕이 발동해서 대설 무렵에 본격 승부를 걸고 나서는 사람들도 많다. 물론 결과는 보나마나이다.

사람만이 아니라 나라의 일도 마찬가지이다.

그 잘 나가던 일본, 조만간 미국에 이어 글로벌 패자로 등극할 것이 거의 확실시되던 일본이 오늘날 왜 저 모양 저 꼴이 되었는가?

일본은 1985년이 국운 상 한로였는데 당시 미국이 어렵다고 징징짜는 바람에 덜컥 경솔한 수를 두고 말았다. 그것은 달러에 대한 엔화 가치를 대폭 절상하기로 결정을 본 1985년의 '플라자 합의'이다.

아시다시피 일본은 그 바람에 엄청난 거품이 생겼고 그로 인해 무너졌다. 그런데 사실 그 대목에서 거품이 싹 가실 때까지 방치했더라면 그나마 다행이었을 것이다. 하지만 일본은 1993년 장기 집권당인 자민당이 국민들의 원성을 사는 바람에 집권에 실패하자 뭔가 또 다른 재간을 부렸다. 국운의 대설인 1995년을 전후해서 디플레이션 극복을 위해 복지지출을 대거 늘림으로써 경기를 부양해보고자 나섰으니, 이것이 마지막 결정타가 되었다. 그 바람에 거의 철저하게 무너진 일본 경제이고 체면이다.

한 번 실수는 아프긴 하지만 회복이 가능하다. 하지만 그것을 조기에 만회하겠다고 또 다시 실수를 하면 이른바 엎친 데 덮친 격으로 진짜 아픔을 맛보게 된다. 그렇기에 "화(禍)는 한 번에 그치지 않는다"는 속담이 있는 것이다.

동서남북에서 불어오는 헛바람을 조심해야 하는 때

누구나 일생에서 가장 화려한 한로의 때를 맞이하면 본인만이 아니라 주변에서 바람을 불어넣는다. 물론 헛바람이다.

"형님, 이러고 계시면 아니 되옵니다, 이제 나서야 할 때입니다.", "사모님, 왜 그러고 사세요, 인생 뭐 있습니까, 즐길 수 있을 때 즐겨야지요." 하는 허황된 바람이 동서남북에서 연이어 불어오는 때가 바로 한로에서 상강 사이이다.

갖은 어려움을 이겨내고 마침내 많은 사람들이 인정해주는 사업가가 된 어떤 이가 어느 날 갑자기 정치에 발을 들여놓은 경우를 우리는 가끔 본다. 이런 경우도 주변의 헛바람을 이기지 못하고 그만 그렇게 된 것이니, 참 딱한 일이 아닐 수 없다. 그저 바라건대 이런 분들도 대충 해보다가 안 되면 두 눈 딱 감고 원래의 자리로 돌아가는 것이 그나마 손실을 줄이는 길이라 하겠다.

한로에 헛짓하지 말라는 거, 나 호호당이 고금동서의 역사를 통해서 그리고 수많은 상담을 통해서 수천 번 확인하고 또 확인해왔기에 하는 말이다. 한로에 볍씨를 뿌리면 겨울에 몽땅 얼어 죽는다. 한로는 수확하는 때이지 새롭게 파종을 하는 때가 아니다.

인생의 흐름에 있어 한로는 가장 우아하고 화려한 때이다. 그렇기에 경솔하기 쉽다. 이는 누구나 그렇다. 처음엔 가벼운 마음으로 시작했다가 어느새 무겁고 벅찬 일이 된다. 그러니 아예 손을 대지 말아야 할 일이다.

한로에는 그냥 창밖의 저 10월의 경치나 실컷 즐기고 놀러 다니거나 아니면 그간의 경영이 가져온 결실을 열심히 수확하면 될 일이다.

상강, 벌레가 숨어들고 사람이 숨어드는 때

어제 비가 내리더니 기온이 다시 한 계단 내려간 듯하다. 10월 23일의 상강(霜降)으로부터 5일이 경과한 28일부터는 서울 도심에도 단풍이 완연하다.

한해를 24절기로 나누기도 하지만 그것을 다시 세분해서 72개의 때로 나누는 법도 있으니, 이때 하나의 때는 5일이 된다. 이를 후(候)라고 한다. 상강 이후 5일부터 10일까지를 초목황락(草木黃落)이라 하니, 10월 28일부터 11월 1일까지이다. 이에 다시 11월 7일 입동 전까지의 5일간을 칩충함부(蟄蟲咸俯)라고 해서 한해살이 벌레들은 다 없어지고 여러해살이 벌레들은 겨울을 나기 위해 땅속으로 숨게 된다. 죽을 놈은 죽고 더 살 놈은 숨는 것이니, 이에 11월 초가 되면 어지간한 벌레들은 찾아볼 수 없게 된다.

오늘 늦은 아침 작업실로 나오면서 진하게 물든 단풍의 가로수를 보면서 아름답다 느끼는 한편 처연한 정서도 들었다. 나뭇잎이 시들고 벌레들만 죽거나 사라지는 것이 아니라 우리들 또한 죽어가고 사라져가고 있기 때문에 계절의 처연함을 공감하는 것이다.

사람이 여러해살이도 아니요 수십 년을 사는 장수의 생명체라 말하지만, 그것은 사실 기억을 통해 생명의 정체성과 통일성을 유지하는 것에 지나지 않는다. 사람 또한 실은 해마다 죽고 다시 태어나는 생명체이다. 그래서 올해의 내 생명은 올해가 가면 사라지고 죽는 것이기에 가을의 쓸쓸하고 처연함을 느끼는 것이다.

엊저녁 〈고전강독〉 강의를 마치고 뒤풀이 술자리에서 "코리안 시리즈 끝나고 나면 이제 허전해서 어떡하지요"라고 누군가가 말했다. 곧 겨울이 시작되면 사실 흥겨운 일은 없다는 사실에, 정말 공감이 갔다. 코리안 시리즈에서 어느 팀이 이기느냐는 관계자 외에는 사실 중요하지 않다. 야구장에서 들려오는 요란하고도 열띤 관중들의 함성은 당분간 들을 수 없을 것이니 사람이나 벌레나 모두 칩잠한다는 점에서 동일하지 않은가! 코리안 시리즈 끝나는 때가 바로 칩충함부의 때와 같다는 사실.

그러니 이제 며칠 지나면 슬슬 한해를 되돌아볼 때가 된다. 죽음을 앞둔 이가 일생을 회고해보듯이 우리 또한 한해를 되돌아볼 때가 눈앞에 있는 셈이다. 모든 생명은 본질적으로 한해살이라는 것을 알고 나면 진정으로 그러하다.

되돌아본다는 것은 바깥이 아니라 속으로 시선을 향하는 것과 맥락이 통한다. 시선이 밖이 아니라 머릿속의 기억으로 향하기 때문이다. 모든 기억은 우리 속에 있는 것이고 그 기억의 장면들을 다시 눈앞으로 떠올리는 작업이 회고(回顧)이니 말이다.

기억한다는 것은 따라서 영화를 보는 것과 같다. 그 영화 속에는 내가 등장하기도 하지만 대부분은 내가 만나고 접촉한 상대들이 등장한다. 내가 찍은 영화를 내가 다시 리플레이해서 보는 것이 회고인 셈이니, '기억'이란 영화의 관객은 나 자신밖에 없다. 흥행 면에선 참패라 하겠지만 그만큼 은밀하고 사적인 작업이 '기억 떠올리기'라 하겠다.

올 한해 동안에 나는 많은 '기억의 필름'을 찍었다. 2013년판 영화의 상당 부분은 나무와 꽃, 풀에 관한 것이다. 실제 올해는 다른 해보다 꽃이나 풀 사진을 많이 찍었다. 금년에 블로그 대문이나 오픈 다이어리에 올린 사진과 그림은 내 기억이 움직여온 동선이기도 하다.

자연의 변화해가는 모습을 해마다 지켜보면서 계속해서 새로운 것이 눈에 들어오지만, 올해는 그 어느 해보다도 유심하고 면밀하게 관찰하면서 경이로움을 느꼈다. 갈수록 가경(佳境)이라더니 정말 그랬다. 정말이지 올해에도 많은 공부를 했다. 《곤충기》를 남긴 '장앙리 파브르'처럼 나 또한 자연의 관찰자인 셈이다. 사람들이 생각하는 그 자연만이 아니라 인간 세상 역시 하나의 자연이란 점에서 다를 것이 없다.

이제 곧 코리안 시리즈가 끝나고 다른 일 역시 그럴 것이다. 즉 많은 사람들이 모여서 함성을 외치고 소리를 지르는 일도 사라질 것이다. 스포츠만 그런 것이 아니라, 대규모 군중집회와 같은 것도 역시 날이 따듯해지고 뜨거워져야 활성화되는 법이니 원래 겨울에는 그런 일이 별로 없다.

보다 정확히 말하면 대규모 군중의 집회나 데모, 무슨 운동 같은 것은 기본적으로 4월 20일에서 10월 20일 사이의 6개월 동안에 일어난다. (그 이전이나 이후에 대규모 군중집회나 운동이 있다면 그것은 무척이나 절박한 내용의 것이다. 가령 3.1운동 같은 거 말이다.)

봄이 되어 벌레나 여타의 것들이 밖으로 나오는 가장 빠른 때는 3월 5일경의 경칩이고 5월 20일경의 소만이 되면 어딜 가도 풀벌레가 번창한다. 반대로 벌레나 곤충이 슬슬 사라지기 시작하는 때는 9월 초의 백로부터이고 늦어도 11월 20일경의 소설이 되면 깨끗하게 사라지고 없다. 이 움직임과 사람의 움직임은 전적으로 동일하다. 그러니 앞에서 말한 '칩충함부'의 때에 벌레가 죽거나 숨듯, 사람의 무리인 대중의 움직임도 이때에 사라진다.

우리 국운 상으로 칩충함부의 때는 2008년 무렵이었다. 2009년이 국운의 입동이었으니 그렇다. 당시 이명박 정부가 재정에 여력이 있어서 재정지출을 통해 경기를 유지했기에 미국에서 터진 금융위기에서 벗어날 수 있었다고 말을 하지만, 사실 그때가 우리 국운에 있어 칩충함부, 즉 겨울나기를 위해 몸을 사리고 숨길 때였다.

소설이 될 때까지 벌레가 땅속으로 숨어들지 못한다면

자산 중에서 부채가 많은 기업이나 개인은 겨울을 나기 위해 땅속으로 숨은 것이 아니라 점점 추워져오는 땅위에서 서성대는 자라 하겠다. 다르게 말하면 2008년 무렵은 빚을 정리할 마지막 시기였던 것이다.

그러나 현실은 그와 정반대였다. 가계부채는 그 무렵 이미 900조를 넘어섰고 지금은 1,000조를 넘어섰다. 벌레가 따뜻한 땅속으로 기어들지 못하고 추워져오는 땅위에서 겨울을 나려는 형국이니 어찌 무사할 까닭이 있으랴!

기업들도 마찬가지다. 이미 그 무렵부터 서서히 설비투자를 줄여온 기업들은 이제 동면 준비를 마친 셈이지만, 아직도 여전히 부채 비중이 높은 기업들은 최근 들어 하나둘씩 도산(倒産)해가고 있다.

정부는 기업들의 투자를 독려하고 격려하지만 현실은 기업들이 몸을 사릴 때인 것이고, 실제로도 설비투자증가율은 마이너스 10%를 보여주고 있다. 지금 경제가 그나마 성장을 유지해가고 있는 것은 삼성전자의 실적으로 인한 착시현상에 불과하다. 이 모두 자연의 흐름, 지극히 정상적인 추이인 것이니 특별히 누군가를 나무라거나 탓할 성질의 것이 아니다.

창밖의 저 자연은 지금 초목이 황락(黃落)하고 이어서 벌레들이 다 숨기 시작하는 칩충함부의 때를 눈앞에 두고 있다. 벌레가 숨어들고 사람이 숨어들고 모든 것이 숨어들고 있다. 그러니 이제 우리의 정신도 내면으로 침잠해 들어갈 때가 오고 있는 것이다. 바야흐로 사색과 회고, 성찰의 때가 시작되고 있다.

올 겨울에는 어떤 그림을 그리게 될까? 한해 동안 보았던 경치와 영상들을 기억 속에서 되살려내어서 그려야 할 것이니 사실 그 그림은 사생이 아니라 기억의 재조합이다. 다음해에도 또 다시 이런 경치가 되살아날 것이라는 간절한 기대를 섞어서 말이다.

6장. 겨울

悠悠自適

12년
뒤를
준비하라

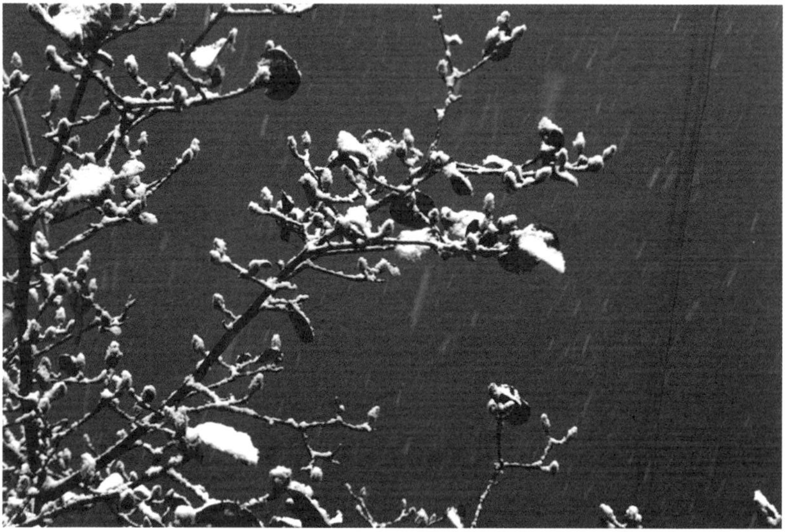

사람들이 말하는 힘든 것 그리고 고생이란
바로 잘 낳기 위해 애를 무진장 쓴다는 말이기도 하다.
이제 낳았으니 고생은 끝이 났다.
고생은 없어진 대신 이상하게 허전하다.
비었기 때문이니 이 또한 자연스런 것이다.
줄여 말하면 우리의 삶이란 고생하거나 허전하거나
그 둘 중에 하나가 된다. 이게 삶의 진실이다.

입동의 마음, 삶이란 고생하거나 허전하거나

산후우울증이란 것이 있다. 딱히 이렇다 할 치료 방법은 없다. 고작해야 항우울제와 같은 약물이나 상담을 통한 안정이 방법이다. 의사들은 모르고 있지만, 산후우울증의 원인은 사실 아주 간단하고도 명료하다. (물론 나 호호당의 가설이다.)

임신 후 8주까지는 배아(胚芽)라고 하고 8주가 지나면 태아(胎兒)라고 한다. 이를 구분하는 이유는 태아부터는 이미 어엿한 사람이기 때문이다. 태아가 되면 그때부터 엄마와 여러 면에서 주고받는 교류가 시작된다. 뱃속의 태아가 기분이 나빠지면 엄마도 덩달아 까닭도 없이 기분이 나빠지고, 태아가 명랑하면 엄마도 덩달아 힘이 난다. 태아와 엄마는 별개이면서도 동시에 한몸이기 때문이다.

뱃속에 아기를 가진 모든 엄마들은 오로지 건강하게 아기를 출산하는 것이 목적이고 목표이다. 그 결과 시일이 지나서 건강한 아기를 출산했다고 하자. 열 달 동안 뱃속에서 지극정성으로 키워온 아기를 산고(産苦)를 거쳐 건강하게 출산한 것을 보는 순간, 모든 엄마는 엄청난 기쁨과 보람을 만끽한다. 너무나도 기쁘고 대견한 마음이다.

태어난 아기와 엄마, 함께 평화롭게 나란히 누워있지만 엄마는 그리고 어쩌면 아기도 모르고 있는 결정적인 사실이 한 가지 있다. 엄마와 아기는 출산으로써 분리, 즉 떨어졌다는 점이다. 다시 말해서 뱃속에서 한몸이 되어 함께 교류하고 나누던 수많은 것들이 이제는 사라져버렸다. 아기는 이제 엄마의 몸 바깥에 있다. 물론 엄마와 아기는 더 없이 가까운 사이이지만, 분리된 것 또한 엄연한 사실이다.

출산 후 몇 주가 지나면 자신의 몸속에서 생겨나서 어느덧 한몸이 되어 나누었던 기억이 서서히 희미해지고, 이제는 분리된 채 무럭무럭 자라고 있는 대상으로서의 아기가 있을 뿐이다. 안아주고 먹이고 여전히 거의 모든 시간을 아기와 함께하지만 한몸이었던 상태에서 교류하던 것과는 당연히 같을 수가 없다.

산모는 갑자기 우울해진다. 아마 아기도 그럴 것이다. 뭔가 상실한 것이 있긴 한데 그것이 무엇인지 모른다. 엄마의 입장에서 아기를 얻었지만 뱃속에서 함께하던 그 존재는 사라져버린 것이고, 아기의 입장에서 엄마 뱃속의 그 안온했던 세계는 상실되어버렸다.

이것이 산후우울증이라 본다. 의사들은 출산으로 인한 급격한 체내 호르몬 변화 어쩌구 하면서 설명하지만, 그거야 캐미컬(chemical)

이지 어디 그게 사람의 일인가? 산모와 태아, 둘이면서 하나인 상태에서만 얻을 수 있는 이 기막힐 정도의 행복감이 사라져버렸으니 우울할 것은 너무나도 당연한 일이건만, 그걸 호르몬 변화 운운해서는 도무지 설명이 불가능하다. 그냥 우울하지 않도록 하는 약물로 치료하려고 하니 될 일인가?

산후우울증은 결국 시간이 지나면서, 즉 둘이면서 하나였던 상태에서 행복해하던 그 감정을 엄마가 서서히 잊어버리면서 극복이 된다. 다시 말하면 엄마는 눈앞의 아기를 보면서 아, 이제 이 아기 또한 내 자식이긴 하지만 그럼에도 하나의 분리된 개체임을 인식하는 과정, 즉 객관화 과정을 거치면서 치유가 된다. 정확히는 망각을 통해 다시 정상으로 돌아온다.

생산을 마친 가을 벌판과 생산을 마친 농부의 마음은 정확하게 같다

아기의 출산만이 아니라 그 어떤 생산에 있어서도 생산을 마치고 나면 일정 기간 마음이 허전해지고 슬퍼질 수 있다는 사실, 바로 이 점을 가지고 운명의 심오한 세계 속으로 한번 들어가보자.

60년에 걸치는 운명의 순환에 있어 출발점인 입춘으로부터 45년이 지나면 입동, 겨울의 초입에 도달한다. 농부는 양력 11월 초의 입동에 봄에서 여름, 가을에 걸쳐 경영해온 것의 수확을 마친다. 입동은 아직 겨울이라 하기엔 그렇고 가을의 정취가 더 강하다. 가을의 벌판은 텅 비어 있고, 수확한 곡식은 창고에 쌓여 있거나 내다 팔아서 돈으로 바꾸었다. 고개를 들어 저녁 하늘을 보니 남색의 하늘은 무한대로 깊어가고 멀어져간다. 그 무한의 공간 속에서 농부는 잠시 상념에 잠긴다. 철학을 한다. 그러다가 문득 허무해진다. 분명 내가 애써 가꾼 결과물은 저 창고에 가득 쌓여 있건만 즉 얻고자 하는 것을 얻었음이 분명하건만, 왠지 허전함이 가슴 속에 스며든다.

이게 뭐지? 성공적으로 생산을 마쳤음에도 불구하고 까닭 모르게 스며드는 이 공허함은 뭐지? 봄에서부터 무더운 여름의 기간 동안 잘 생산해보겠다고 그토록 무진 애를 쓰며 땀을 뻘뻘 흘리며 수고를 마다치 않았던 것은 또 무엇이었지?

가을의 빈 들녘을 서성이던 농부는 영문을 찾지 못하고 서산의 해가 질 무렵 집으로 돌아간다. 고개를 갸우뚱거리면서, '뭐지, 뭐지?' 하고 되뇌면서.

그런 농부를 주변 사람들은 모두 부러워한다. 저 농부 올해 수확이 엄청나다면서? 아니 글쎄 창고에 쌀을 무진장 쌓아놓았다니까!

사람이 성공했다는 것은 생산을 잘 마친 결과 창고에 쌀을 많이 쌓아놓은 농부라 보면 된다. 사회적으로 이른바 성공한 사람들, 부와 명예를 두 손에 거머쥔 사람들은 세인의 부러움과 함께 질시를 사기도 한다. '아, 나도 저렇게 되었으면', '난 저보다 더 크게 성공해야지' 하면서 결의와 전의를 다진다. 그런 사람들은 현재 생산을 해가는 과정에 있는 사람들이다.

하지만 그들은 생산을 마친 사람이 어떤 심정을 맞이하게 되는지 전혀 모른다. 생산을 마쳐본 경험이 없기 때문이다. 이 세상은 묘하게도 경험해보지 않은 일을 말이나 책으로 이해하기란 참으로 어렵다. 〈정글의 법칙〉에 나오는 김병만의 말처럼 "경험해보지 않았으면 말을 하지 말라"는 것이 그것이다.

노골적으로 말해보자.

알을 품은 자는 그 알 속에서 새끼가 무사히 부화되는 것에만 집중하지 그 다음 일은 개의치 않는다. 오로지 품은 알에만 집중한다. 이 말을 고쳐보면 다음과 같다.

성취해보지 못한 사람은 오로지 성취에만 신경을 쓰지 성취한 다음의 일은 모른다. 그런데 알을 낳고 또 부화해놓고 나니 물론 커다란 기쁨과 보람을 느끼지만 그것은 잠시의 일에 그친다. 그 다음의 일은 막연히 좋을 것으로만 여겼지 다른 것은 전혀 예상하지 못했는데 이상한 일이 생긴다. 허전해지는 것이다. 생산을 마친 가을 벌판은 참으로 허허로운데 이는 생산을 마친 농부의 마음과 정확하게 같다. 이처럼 자연은 생산을 마친 자의 마음속 모습을 있는 그대로 보여준다. 자연은 모든 것을 늘 정확하게 보여준다. 사람이 보지 않으려 할 뿐이지.

우리 대한민국의 경우 생산을 끝낸 입동은 2009년이었다. 분명 글로벌 세계에서 유수의 부국이 되었고 강국이 되었음에도 불구하고 국민들은 허전해하고 힘들어 한다. 입동에서부터 시작되는 것은 바로 매너리즘이다. 지금 우리 대한민국은 매너리즘에 빠져 있다. 무성한 것은 말의 성찬일 뿐, 새로운 것도 알맹이도 없다. 알맹이가 빠진 것이고 알이 빠졌기 때문이다. 우리 대한민국이 품었던 알은 부국이란 말에서처럼 물질로 객관화되어 있고, 우리 속의 알, 즉 열정은 이미 싸늘하게 식어버렸다.

알을 밖으로 꺼낸 자는 속이 비어버린 자이고 좀 심하게 말하면 껍데기라 말할 수 있다. 품었을 적에는 그 품은 것을 어떻게 해서든 잘 탄생시키고자 애를 쓰지만, 정작 낳고 나면 허전해지니 그것은 비었기 때문이고 껍데기가 되었기 때문이다.

사람들이 말하는 힘든 것 그리고 고생이란 바로 잘 낳기 위해 애를 무진장 쓴다는 말이기도 하다. 이제 낳았으니 고생은 끝이 났다. 고생은 없어진 대신 이상하게 허전하다. 비었기 때문이니 이 또한 자연스런 것이다. 줄여 말하면 우리의 삶이란 고생하거나 허전하거나 그 둘 중에 하나가 된다. 이게 삶의 진실이다.

좀 더 정확하게 말하면 이렇다. 운명의 60년 순환에서 허전함의 시기는 입동에서부터 15년이고, 그 이후 입춘을 맞이하면서 또 다시 새롭게 탄생하는 고통을 15년 겪게 된다. 그러다가 입하가 되면 다시 알을 품는다. 알을 품으면 끙끙대며 또 다시 열심히 고생을 15년간 반복한다. 그러면 입추가 되어 비교적 순탄하게 15년을 지낸다. 이런 까닭에 삶이란 수고스런 것이다.

그러나 우리들은 누구나 그 수고스런 삶을 사랑하도록 만들어져 있다. 그리고 인생의 과정을 잘 들여다 보면 고통이 꼭 고통이 아니라는 사실, 고생이 헛된 것이 아니라는 사실, 수확의 기쁨은 잠시이기에 그것에만 연연할 필요가 없다는 사실, 생산을 마치고 난 이후의 허전함은 우리에게 삶을 성찰할 기회를 준다는 사실을 알게 된다.

수고로운 삶을 포함해서 모든 삶의 과정을 긍정하고 받아들이는 것만이 사실은 행복의 길이라는 말이다. 파랑새는 수고스런 삶을 떠나 찾아본들 그 어디에도 없다는 말이다.

대설에 담겨 있는 운명학적 의미에 대하여

지난 토요일이 대설(大雪)이었다. 대설은 24절기의 하나로써 한 해의 정중앙에 위치한 입추로부터 새해가 시작되는 입춘에 이르는 6개월 중에서 4개월이 경과한 시점이다. 한해를 이끌어가는 운기(運氣)가 절정에 이르는 때가 입추인 바, 그로부터 운기가 소멸되기 시작해서 대설에 이르면 66.66%가 소멸되고 남는 것은 33.33%이다. 그렇기에 대설에 이르면 만물은 힘이 약해지고 공허해져 있다. 나무는 잎사귀를 떨어내고 그 정기는 땅속으로 들어갔으며, 한해살이 벌레와 풀은 다 죽었고 여러해살이 벌레와 동물들은 겨울잠에 들어 있다.

2014년 갑오(甲午)년은 우리 국운의 대설이 시작되는 해였다. 그러니 우리 사회는 이미 5년 전부터 겨울잠에 들어가 있으니 그 대표적인 지표가 바로 통계청에서 발표하는 '설비투자동향'이다. (우리 경제의 설비투자지수는 2011년에 마이너스와 플러스 권에서 등락하더니 2012년 초부터는 아예 마이너스 권으로 떨어져서 이제는 마이너스가 기본적인 추세로 자리를 잡았다.)

기업들의 수익성이 악화되고 있으며 대기업들은 자금을 확보한 상태에서 투자할 곳을 좀처럼 찾지 못하고 있으니, 돈은 있지만 돈이 갈 곳이 없는 것이다. 여러 산업 방면에서 부진의 징조가 농후해졌지만 사실 이는 지극히 자연스런 현상이라 하겠다.

망종은 자신의 깃발을 들어 올리는 때
대설은 물러가는 준비를 하는 때

나라의 흐름은 이렇다 치고, 개인의 경우로 돌아가면 어떨까? 한 사람이 대설의 운에 이르면 어떻게 해야 하고 어떤 비전으로 앞날을 바라보아야 하는 것일까를 얘기해보자.

한 개인이 본격적으로 자신의 길을 야심차게 나서기 시작하는 때는 입춘 바닥으로부터 20년이 흐른 때이니, 이를 망종(芒種)의 운이라 한다. 이는 양력 6월의 때와 같다.

이때가 되면 입춘 때부터 생성되기 시작한 운기가 66.66%에 이르게 되어 절로 발동하게 된다. 그렇기에 이때를 두고 나는 '자신의 깃발을 올리는 때'라고 말한다. 사업을 성공적으로 해온 사람들을 살펴보면 대부분 바로 이 망종의 때에 개업을 한다. 그들은 “잘 된다는 확신은 없었지만 어찌 되었건 하게 되더라”, 혹은 “이상하게도 실패할 것 같지는 않았다”는 말을 한다.

대설과 망종은 그런 면에서 대조가 된다. 대설은 운기가 66.66% 사라졌을 때이고 망종은 운기가 66.66% 차올랐을 때이다. 한해로 치면 12월 초가 대설이고 그보다 6개월 전인 6월 초가 망종인 것이다. 양력 6월 초부터 서서히 열기가 오르고 12월 초가 되면 서서히 추워지는 것과 같다.

지금까지 사업을 잘 해온 사람이라면, 다시 말해서 6월 초의 망종에 자신의 길에 나선 사람이라면 12월 초의 대설에 이르고 나면 이제 일을 마무리해야 하지 않나 하는 생각이 들기 마련이다. 당장 해오던 일을 때려치우라는 말은 아니지만, 이제 어떻게 마무리를 해야 할지를 놓고 이런저런 생각을 진지하게 해볼 때가 되었다는 것이다. 벌여놓은 것이 많아서 정리하려면 시간이 필요한 법인데, 대설부터는 슬슬 마무리 작업을 준비해야 하는 때이다.

예전에 컨설팅 일을 하면서 이른바 ‘비즈니스 플랜’이란 것을 많이 만들어 보았다. 사업계획서 작성에 있어 이런저런 자문을 해주거나 때로는 아예 대신 작성해주는 일을 했었다.

비즈니스 플랜을 작성할 때 생략해선 안 되는 가장 중요한 핵심사항이 이른바 ‘exit planning’ 즉 ‘마무리 계획’이다. 얼마 전 미국이 양적완화를 하면서 갑자기 세인들 사이에 회자되기 시작한 ‘출구전략’

이 바로 그것이다. 어떻게 사업에 진입하고 또 어떻게 그 사업을 마무리할 것이냐 하는 문제이다.

잘 나가는 기업은 당연히 영속성을 가지고자 하지만, 세상에 영원히 이어지는 기업은 존재하지 않는다. 한때 너무나도 잘 운영되는 바람에 수많은 경영학자들이 성공사례로 벤치마킹을 했던 '이스트먼 코닥'이란 회사가 있었다. 코닥은 카메라 필름 제조 회사로, 업계의 선두에 있었던 기업이다. 그리고 디지털 카메라 시대가 열리면서 몰락한 기업이다. 나는 이 회사가 경영을 잘 하지 못하는 바람에 몰락했다고 보지 않는다. 그저 카메라 필름 시장이 사라지면서 자연스럽게 퇴장했을 뿐이라 본다.

코닥이 창립된 것은 1888년이었고 파산보호신청에 들어간 것은 2012년인데, 재미난 점은 그 기간이 바로 124년이며 이는 60주기가 두 번 거듭된 120년이라는 점이다.

더 재미난 점은 세계 최초로 디지털 카메라를 만들어낸 곳 역시 이스트만 코닥이었다는 사실이다. 바로 1975년의 일이었는데, 코닥은 디지털 카메라가 향후 아날로그 필름 시장 전체를 바꿔놓을 것이라는 결론을 내렸다. 이에 디지털 카메라의 상용화를 중지시켰고, 다른 업체들이 쉽게 디지털 카메라를 제작해내지 못하도록 최대한 억지전략을 펼쳤다. 하지만 1998년부터 일본 카메라 업체들이 보급형 디지털 카메라를 양산하기 시작하면서 억지전략은 붕괴하고 말았지만, 무려 20년씩이나 끌어올 수 있었던 것이야말로 실로 훌륭한 경영이었다고 칭찬하지 않을 수 없다.

1888년에서 60년 한 주기 그리고 다시 24년을 더하면 1972년이 되는데 실은 이 시점에서부터 이스트만 코닥의 현명한 경영자들은 '출구전략'을 가동하기 시작했다고 평가해야 할 것이다. (이처럼 84년은 60년 주기를 넘어서서 존재하는 또 하나의 중요한 관문이다.)

영원히 이어지는 기업은 존재하지 않는다는 것을 예로 들어 얘기했고, 또 이처럼 고난도의 기가 막힌 출구전략도 존재한다는 것을 이스트만 코닥의 예로 이야기해 보았다.

이와 같이 훌륭한 출구전략을 사용했던 또 하나의 예로 '아이비엠'을 들 수 있다.

아이비엠(IBM)은 1896년 펀치머신으로 시작했다. 그리고 84년(60년 더하기 24년)이 지난 1980년에 와서 IBM PC를 소개했다. 반도체 기술의 발전으로 사실상 대용량 '메인프레임' 시대가 이때부터 저물기 시작했던 것인데, 오히려 IBM은 그 흐름을 적극 수용하고 선도하면서 시장을 방어했다. 그 이후 IBM은 사실상 서비스와 컨설팅 기업으로 변신해서 오늘에 이르고 있다. 이에 2016년이면 출발로부터 120년이 되는데 코닥처럼 파산보호신청을 할 것 같지는 않으니 변신을 통해 이어가는 대단한 기업이라 하겠다.

다시 본론으로 돌아가자.

대설이 되면 외형은 좋을지 몰라도 내적 운기는 이미 급격히 고갈되기 시작한 것이니 서서히 마무리 계획 또는 출구전략을 가동하기 시작해야 한다는 것이다. 글로벌 기업으로 성장한 삼성전자 역시 이건희 회장의 운세로 보면 2022년이 대설이 된다. 아직 시일이 좀 남았지만 그의 건강을 생각할 때 그 또한 미지수이다. 이에 삼성전자 또한 어느 때가 되면 지금의 위용을 보여줄 수 없게 될 것이고, 그게 또한 자연스런 일이다.

새로운 시장이 생겨나면 새로운 일류 기업이 생겨나고 그 시장이 사라지면 그 기업도 사라지거나 혹은 뛰어난 경영자에 의해 철저하게 전혀 다른 기업으로 변신해가는 세상이다. 하지만 우리 기업들은 역사가 일천해서 미국이나 해외 선진국의 기업들처럼 고난도의 변신 전략을 펼쳐본 경험이 적은데, 이는 장차 우리 경제의 커다란 숙제라 하겠다.

대설이 되면 '출구전략'을 구체적으로 준비할 때라는 것이 오늘 글의 요지이다. 우리 대한민국은 1984년 국운의 망종에 앞으로 나서기 시작했고, 30년이 지난 2014년 대설의 운을 보내고 있으니 물러섬을 준비해야 한다. 당분간 새로운 성장 동력은 찾아내기 어려울 것이니, 지금까지의 기반을 잘 정비하고 새롭게 조직하면서 앞으로의 어려움에 대비해야 한다.

그런데 현실은 이미 너무 어렵게 되어 버리고 말았다.

1,000조에 달하는 가계부채를 위시하여 엄청나게 누적된 공기업 부채 등등 이미 우리 경제의 건전성은 많이 취약해지고 말았다. 게다가 북한은 이미 무너지기 시작했다. 조만간 막대한 재정수요가 생길 터인데, 세수(稅收) 역시 예전과는 다르다. 참 걱정이다!

나라는 그렇다 치고 결국 이 글에서 하고자 하는 말은 메뚜기도 한 철이라는 것을 잊지 말고 대설에 이르러 출구전략을 가동하려면 실은 그 이전부터 그럴 수 있음을 미리미리 염두에 두고 있어야 한다는 점이다. 일이 잘 된다 싶어서 또 직장이 편안하다 싶어 그저 소비하고 낭비하다 보면 때가 대설에 이르러 출구전략을 검토해야 할 때가 되었어도 그럴 형편이 되지 않는 바람에 안간힘을 쓰다 보면 상황은 더욱 어려워지고 꼬이게 된다.

이처럼 대설은 물러갈 준비를 하는 때이다.

동지
그리고 인생의 동지

논리적으로 보면 새해는 동지(冬至)로부터 시작된다. 한해(year)는 역시 그 주인공인 해(sun)를 기준으로 하는 것인 이상, 해(day)가 가장 짧은 날을 새해로 함이 타당하기 때문이다. 하지만 역사와 문화 관습 탓으로 우리는 여러 번의 새해를 맞이한다.

동지 지나 며칠 뒤인 크리스마스, 이어서 양력으로 1월 1일, 그리고 음력으로 1월 1일, 또 절기상의 입춘, 이 모두 새해 첫날이라 말할 수 있다.

크리스마스가 새해라고 하면 이상하게 들리겠지만, 실은 그렇다. 사실 크리스마스는 고대 로마나 여타 태양숭배를 가진 유럽 문화권에서 태양의 부활을 기원하고 축원하는 축제일로서, 원래는 동짓날이었다. 나중에 기독교가 지배하면서 예수의 탄신일이 된 것이다. 다만 당시에는 달력을 계산하는 기술인 역법이 정교하지 못해 12월 25일로 정해졌을 뿐이다. (그래서 동지와 크리스마스는 거의 붙어 있다.)

양력 1월 1일은 사실 아무런 의미가 없는 날이다. 양력을 그레고리력이라 하는데 이는 이전의 율리우스력을 개정하는 과정에서 억지로 수정된 달력이다. 그런 까닭에 내용적으로도 가장 떨어지지만, 장점이 있다면 전 세계가 공통으로 사용한다는 점이다. 하지만 어쨌든 새해 첫날이다. 설날이라 부르는 음력 1월 1일 역시 별 의미가 없다. 양력 1월 1일보다는 조금 의미를 부여할 수 있는 정도인데, 그래도 새해 첫날이다.

해마다 양력 2월 5일경에 드는 입춘은 상당한 의미가 있다. 사실상의 새해 첫날인 동지로부터 한해의 1/8이 지난 시점이 입춘이고, 따라서 봄의 기운이 미미하나마 시작되는 날이니 새해 첫날을 새봄의 첫날로 상정한다면 동지 다음으로 가장 논리적이다.

이렇게 새해는 무려 다섯 번이나 덕지덕지 이어진다. 동지 새해, 크리스마스 새해, 양력 1월 1일 새해, 음력 1월 1일 새해, 그리고 입춘 새해가 그것이다.

사실 우리들은 새해 첫날이 되어도 그다지 신경을 쓰지 않는다. 새해 복 많이 받으라는 덕담 정도 하고 나면 끝이다. 태양은 어차피 모든 아침마다 떠오를 것이니 그렇다. 오늘 지고 나면 내일 또 해가 뜬다는 것을 알고 있기에 뭐 그리 고맙겠는가! 해는 매일 아침 뜬다는 사실을 알고 있기에 알아서 뜨는 해를 그리 고마워하지 않는 것이다.

하지만 고대인들에게 있어 해는 매일 뜬다는 보장이 없었다. 가을부터 점점 해님의 기력이 떨어지고 노쇠해지면서 동지에 이르러 자칫 해님이 아예 돌아가실 수도 있다는 염려를 옛 사람들은 했다. 그래서 동지에 해님께서 다시 기력을 내시고 보약도 드시고 사람들의 찬양을 들으면서 다시 회복하시길 기원했던 것이 동지 축제였다. 그리하여 동지 다음날부터 아주 미약하나마 해가 길어지기 시작하면 그처럼 반가운 일이 없었던 것이다. 우리들의 기도가 약발이 들었다고 모두들 기뻐했다. (그러나 지금 우리들은 이제는 동지가 되어도 해가 좀 짧아졌다가 다시 길어지는 것을 너무나 당연시하기에 해님의 부활을 그리 기뻐하지 않는다.)

영원히 희망은 없을 거라는 비관에 빠져드는 때

살아가다 보면 진정으로 아무런 희망이 없고 영원히 희망은 없을 거라는 비관에 빠져드는 때가 있다. 당신이 현재 진정으로 이와 같은 심정이라면 지금 당신은 당신 인생에 있어 동지점(冬至點)을 지나고 있다고 보면 된다. 해는 빛이고 빛은 희망이다. 당신 인생 전체에 걸쳐 가장 희망이 없어 보인다면 그게 바로 '인생의 동지'인 것이다.

그런데 여기서 묘한 사실이 하나 있다. 아주 묘한 사실이.

동지는 해가 가장 짧은 날이지만 그 다음날부터 해가 서서히 길어진다는 사실을 당신은 알고 있다. 그래서 당신은 동짓날에도 해가 더 짧아질까봐 염려나 고민 따위는 아예 하지 않는다. 그렇다면 지금 당신이 인생의 동지점을 맞이하고 있다 해도 사실 고민해야 할 일이 없지 않은가. 이제 모든 것이 끝났다는 생각이 들고 어떤 희망도 보이지 않는다면, 바로 그 순간부터 보이지 않던 희망이 서서히 살아날 것이며, 막다른 길이다 싶은 그 길이 또 다른 길로 연결되어 있다는 사실을 발견하게 될 것이니 말이다.

그런데 바보같이 '인생의 동지'를 맞이한 순간 그것이 정말 끝인 것으로 착각하고 좀 기다리면 될 일을 아예 포기하는 어리석음을 곧잘 범하는 우리들이니, 사실 나는 고대인들에 비해 우리가 나은 것이 하나도 없다는 생각을 해보곤 한다.

우리 국운에서 2016 병신(丙申)년 하반기가 되면 그때가 국운상의 동지가 된다. 그때가 되면 그간 우리를 먹여 살려온 우리의 대표 품목들이 수출 전선에서 일제히 후퇴할 것이다. 전자와 자동차, 조선과 플랜트, 화학 등 각 방면에서 말이다. 그러면 온통 비관에 빠지게 될 것이다. 지난 1986 병인(丙寅)년 우리 상품들이 날개라도 달린 것처럼 해외 시장에서 팔려나가기 시작하던 때가 부유한 대한민국의 도래를 가늠케 하는 국운의 여름 축제인 하지였다면, 그 반대의 때가 2016년인 것이다.

그냥 그렇게 알고 있으면 되리라. 그때 가서 모든 것이 비관 일색으로 물들 때, 내 말을 기억하시는 분들은 이제 다시 또 봄은 올 것이며 힘찬 소생의 시기가 머지 않아 온다는 것을 알 것이니, 그저 열심히 대비하고 준비하면 되리라.

축월의 땅,
그리고 행복의 비밀

대한(大寒)으로부터 이제 엿새가 지나고 있다. 한해를 통틀어 가장 추운 때가 이맘때다. 12월의 동지로부터 해는 다시 길어지기 시작했으나 땅은 동지로부터 한 달이 지난 대한에 이르러 가장 차갑다. 천기(天氣)는 이미 동(動)했으나 지기(地氣)는 여전히 감감하여 아무런 소식이 없다. (엄밀히 말하면 대한으로써 땅의 기운도 저 밑바닥에서는 이미 시동을 걸었지만 그걸 누가 알겠는가!)

'인식의 지평선'이란 것이 있다.

어떤 일이 생겨났어도 처음에는 워낙 미미하여 사람의 눈에 들어오지 않는다. 이런 경우를 인식의 지형선 '밑'에 있다고 하겠고, 생겨난 어떤 일이 한창 진행되어서 이윽고 보는 이의 시야에 들어오기 시작하면 그를 두고 사건이 인식의 지평선 '위'로 나타났다는 표현을 쓴다.

'인식의 지평선'이란 이런 의미의 말이다. 모든 일은 처음 발생 시에는 워낙 가물하고 미미하여 미처 알아보기 어렵다는 의미에서 이런 개념을 쓴다. 천체물리학자 스티븐 호킹이 자신의 책에서 '이벤트 호라이즌(event horizon, 사건의 지평선: 일반 상대성 이론에서 내부에서 일어난 사건이 외부에 영향을 줄 수 없게 되는 경계면을 뜻한다. 사건의 지평선 안에서 무슨 일이 일어나든 사건의 지평선 밖에서는 어떠한 정보도 감지할 수 없다.)'이란 개념을 사용했는데, 이와 유사한 말이다.

축월의 땅은 그냥 무의 공간이고 '없음'의 공간이다

이제 축월(丑月, 양력 1월을 달리 부르는 말)의 땅을 바라보자.

무더운 여름의 산야를 뒤덮었던 그 무성한 것들은 어디에도 보이지 않는다. 푸르고 넓었던 나무 잎사귀들, 그 많았던 벌레들, 명랑한 소리를 내며 흘러가던 개울물, 햇빛을 받으며 쭉쭉 뻗어가던 벼와 풀들, 그 무성했던 생명들은 어디에도 보이지 않는다.

축월의 땅은 그냥 '무(無)'의 공간이고 '없음'의 공간이다. 땅과 하늘과 바위야 그대로 있고 나무들도 있지만, 그건 벗은 나무에 불과하다. '없음의 공간'에서 없는 것은 다름이 아니라 '생명의 없음'이고 '생명활동의 부재(不在)'이다. 그렇기에 축월의 땅을 두고 '죽음의 땅'이라 해도 그리 틀린 말은 아닐 것이다.

지구상의 에너지원은 궁극적으로 햇빛이다.(땅 저 깊은 곳에는 지열이 있지만 사실 그건 우리를 포함한 생명체들과는 별 상관이 없다.) 햇빛이 바로 천기(天氣)인 것이다. 그렇다면 지기(地氣)란 무엇일까?

지기, 땅의 기운이란 햇빛을 받아 땅이 데워지면서 생겨난 지열(地熱)을 말한다. 천기는 빛이고, 지기는 열이다. 생명은 천기와 지기를 바탕으로 움이 트고 싹이 튼다. 풀이나 나무만 그런 것이 아니라 사실은 우리 인간이라는 고등생명체도 궁극적으로는 그로부터 생겨나고 성장한다. 천기와 지기의 기운 덕으로 생겨나는 초목과 곡물로부터 모든 동물들이 생명의 에너지를 얻으니 그렇다. 햇빛을 받아 데워지는 땅이야말로 모든 생명의 근원이고 바탕인 것이다.

그러니 축월의 땅은 작년의 모든 것은 이미 끝이 난 상태, 그리고 이제 새해로써 새로운 생명활동을 준비하는 때이다. 준비한다고 했지만 앞서 말한 '인식의 지평선'이란 개념에서 보면 아직 그 무엇도 준비하거나 시작하지 않고 있다. 천기가 관대함을 베풀어 땅으로 더 내려와야 할 참이고 지기는 이제 막 시동을 걸고 있으니, 우리 눈에 모든 것은 그저 쉬고 있는 것으로만 보인다. 축월의 땅은 그 어디에도 생의(生意)나 생기(生氣)는 보이지 않으니 우리 눈에는 그저 쉬고 있을 뿐이다. 휴지(休止)의 때인 것이다.

막연한 상념에 젖어보는 것이
축월에 우리가 해야 할 일이다

하지만 천지와 자연은 엄밀히 말하면 쉬는 때가 없다. 간단(間斷) 없이 움직여가는 하늘과 땅이고 저 대자연이다. 우리 눈에 보이는 저 휴지의 시간들도 실은 그렇다. 축월의 자연이 쉬는 것처럼 보일 뿐 실은 쉬지 않듯이 우리도 그렇다. 그렇다면 축월에 우리가 해야 할 일은 무엇인가.

축월에 우리가 해야 할 일은 구체적인 것이 아니라 추상적인 것이고, 좀 더 쉽게 말하면 이런저런 막연한 상념에 젖어보는 것이 축월에 우리가 해야 할 일이다. 흔히 양력 1월을 맞아 사람들은 이런저런 결심을 하는데 사실 부질없는 일이기 쉽다. 축월의 생각은 막연한 구상이거나 생각, 잡념들인 것이 더 정상이고 자연스럽기 때문이다.

가령 담배를 끊겠다는 생각도 막연한 생각이기 쉬워서 조금 지나면 금방 흐지부지 끝이 난다. 그러니 나는 축월의 때에 어떤 결심을 하지 말라고까지 얘기한다. 축월의 때는 막연한 생각들이나 그간 바빠서 미처 충분히 헤아려보지 못했던 일들에 대해 시간을 두고 천천히 젖어보는 기간들이다. 우리의 내면 깊은 곳으로 한 번 침잠해보기에 가장 좋은 때가 축월의 시간들인 것이다.

축월의 땅 역시 우리와 같다. 뭔가 움직이긴 한다. 하지만 구체적이지 않다. 축월의 땅 역시 상념에 잠겨있다. 어디에도 뜨거운 기운은 느껴지지 않으니 당장 급하게 해야 할 일도 사실 없다. 급하다는 것 자체가 이미 뜨거워진 연후의 일이기 때문이다.

천천히 구상해보아도 좋고 지난 일들을 반추해보아도 좋으며 아니면 전혀 엉뚱한 생각에 빠져 몽롱한 시간들로 채워도 좋을 것이다. 현실과 꿈의 경계가 지극히 모호하여 지금 내가 하는 일이 꿈속인지 아니면 현실인지조차 구분되지 않아도 무방하다. 작년의 일은 이미 마무리되어 끝이 났고 새해의 일은 아직 태동의 단계에 있으니 축월은 죽음과 삶의 경계 사이에 위치한 계절이기 때문이다.

지금 내가 여러 독자들에게 들려드리고 있는 많은 얘기들, 음양오행과 운명, 60년의 주기 등등은 돌이켜보면 내 운명의 축월 기간 동안, 그러니까 1994년에서 1997년 초에 이르는 30개월의 시간 동안에 태동된 것들이다. 내가 운명의 60년 주기가 존재한다는 것을 막연하게 느끼기 시작한 것은 1994년으로부터 10년이 지난 2004년 무렵이었고 그것이 구체화되기 시작한 것은 12년이 지난 2006년 무렵이었다. 그리고 본격적으로 연구하고 전체 이론에 대한 마무리를 마친 것은 2009년 초였으니 이 또한 1997년으로부터 12년이 지난 시점이었다. 그러니 그간의 모든 새로운 깨달음들과 정련(精練)들은 그 연원(淵源)에 따라서 1994년 가을부터 1997년 초에 이르는 기간들, 즉 60년을 하나의 주기로 하는 내 운명의 축월 기간 동안에 태동된 것들이다.

이런 말을 하는 까닭은 축월에 몽상과 상념을 통해 태동된 것들이 인식의 지평선 위로 올라오기까지 적지 않은 시간이 걸린다는 것을 말하기 위함이다.

2004년은 내 운명에 있어 춘분(春分) 무렵이었다. 춘분이란 낮이 밤보다 길어지기 시작하는 때, 그러니까 인식의 지평선 위로 그 무엇들이 떠오르는 때라 하겠으니 그것은 사실 내 운명의 축월인 1994년으로부터 10년 뒤의 일이다.

양력 1월 축월의 대한에서부터 양력 3월 묘월(卯月)의 춘분까지는 60일이다. 그리고 60년을 하나의 주기로 할 때 그 시간은 10년이다. 그러니 생각을 포함한 모든 사물들은 짧게는 60일, 길게는 10년이 지나야 구체화되기 시작하는 법이니 이 얼마나 신기한 일인가! (360년을 하나의 주기로 하는 경우 60년은 지나야 구체화된다!)

금년에 일어날 모든 일들 역시 아직은 구체적이지 않다. 하지만 이미 생겨나고 있다. 물론 우리는 그것이 무엇인지 인식하지 못한다. 하지만 양력 3월의 춘분이 되면 서서히 윤곽이 드러나기 시작해서 양력 4월 20일경의 곡우 무렵이 되면 거의 확정이 될 것이다.

이제 마무리를 해야 할 시간이다.

내가 권하는 것은 간단하다. 축월의 땅을 직접 밖으로 나가 밟아가며 이런저런 상념 또는 몽상에 잠겨보라는 것이 전부이다. 그렇게 하는 것이 축월을 가장 알차게 사는 방법이기 때문이다.

집과 사무실만 쳇바퀴 도는 사람이라면 사실 축월의 땅을 천천히 들여다볼 시간도 없었을 터, 오늘 이 글을 읽은 후 시간을 내어 축월의 땅을 다시 한 번 유심히 바라볼 시간을 가져보시기를 바란다.

축월의 땅을 마음 다져먹고 한번 유심히 바라보기를 권하고 있는데, 이 말은 눈으로만 보라는 말이 아니다. 들에 나가 차가운 바람을 맞으며 축월의 꽁꽁 언 땅을 밟아가며 거닐어보라는 말이다. 온 몸으로 축월의 땅을 느껴보라는 말이다.

잿빛 구름 사이로 비치는 여린 겨울 햇살이 어떤지, 눈에 덮인 겨울 벌판의 얼음 밟는 소리를 귀로 듣고 발로 느껴보라는 말이며 또 그 어디에도 생겨나고 뻗어가는 것이 없는 그 적막한 풍광을 몸속 깊이 받아들여보라는 말이다. 그래야만 비로소 축월의 땅이 어떤 것인지 조금은 알게 될 것이다.

행복은 '주변의 것들과 얼마나 공감할 수 있느냐'에 달려 있다

마지막으로 '행복의 비밀'에 대해 얘기해보겠다.

누구나 행복을 원하고 행복하게 살고자 한다. 흔히들 행복은 돈이나 지위에서 온다고 생각한다. 그러나 행복의 열쇠는 돈도 아니고 지위도 아니며 명예도 아니다. 그런 것은 가져보지 못한 자들이 갖는 망상에 지나지 않는다.

행복은 '주변의 것들과 얼마나 공감할 수 있느냐'에 달려 있다.

새로운 연애에 빠져든 연인들은 마냥 행복해 한다. 이유는 새로운 연인이 생겨서가 아니라 그 연인과 새로운 공감대를 형성했기 때문이다. 그로써 우리의 모든 공감능력이 활짝 열리기 때문이다.

그런데 우리는 살아가면서 늘 새로운 연애를 할 순 없다. 그러나 주변의 모든 것들과 늘 공감할 수 있다면 당신은 늘 행복한 사람으로 살아갈 수 있다.

축월의 땅을 밟으며 당신이 축월의 땅과 공감을 나눌 수 있다면 당신은 축월을 행복하게 보낼 수 있다. 그러기 위해선 축월의 땅으로 보다 더 가까이 다가가야 한다. 그런 까닭으로 눈으로만 보지 말고 온몸으로 축월의 땅을 느껴보라고 권하는 것이다. 원래 우리는 냉랭하고 쌀쌀맞은 축월의 대지 위를 불어오는 바람과도 공감을 나눌 수 있도록 만들어져 있는 존재이다.

돈이나 명예, 지위, 권력이 행복의 열쇠인양 여기는 까닭에 세상은 온통 시끄럽다. 동기는 물론 행복하기 위함이다. 하지만 틀렸다. 원래 그 무엇과도 공감할 수 있으며 그렇기에 늘 행복하게 살 수 있도록 설계되어 있는 것이 바로 생명이고 우리들인데, 행복에 대한 잘못된 생각 때문에 우리는 늘 불행하게 살아간다.

내 눈에 사람들은 그저 불행하기 위해 무진장 애를 쓰는 것이 아닌가 싶을 정도이다. '나'는 행복해야 한다면서 다른 것과 공감하기보다는 '나'에게만 집착하는 바람에 '나'를 불행으로 몰아가고 있으니 참 답답한 노릇이다.

행복해지고 싶은가? 그렇다면 잠시 그 행복해야 할 '나'를 뒤에 놓고 우선 주변의 모든 것들, 그 어떤 것도 좋으니 그것들과 진지하게 대화를 나누어보라. 사람은 물론이고 모든 생명체 그리고 나아가서 부는 바람이나 대지를 적시는 비, 유유히 흘러가는 강과 같은 무생물들과도 우리는 얼마든지 대화할 수 있고 공감할 수 있도록 만들어져 있다는 것을 알게 되면 당신은 비로소 행복의 열쇠를 손에 든 셈이다.

그러니 자 이제, 축월의 땅으로 기꺼운 마음으로 나가보자.

동지는 이성, 대한은 감성

어제는 대설(大雪), 이로써 가운데 겨울인 중동(仲冬)이 시작되었고 가운데 겨울의 가장 복판에는 동지(冬至)가 있다. 동지는 겨울이 지극(至極)하다는 뜻으로, 한해를 통해 빛이 가장 짧은 때이다.

이처럼 겨울이란 빛이 짧은 계절을 의미하지만, 사람들은 겨울이라 하면 추운 때로 여긴다. 빛이 짧다는 것과 온도가 낮다는 것은 다른 것임에도 그렇다. 빛과 열(熱)의 차이인 것이다. 물론 빛이 짧아지면 온도도 내려간다. 따라서 그것은 인과관계이다.

그런데 동지가 지나면서부터 기이한 일이 생겨난다. 동지로부터 해는 점차 길어져 가는데도 불구하고, 온도는 더 내려가서 한 달 뒤인 1월 중순경에 이르러서 가장 온도가 낮고 춥다. 해가 길어지면 그에 맞추어 기온도 올라가야만 인과관계가 성립하는 것인데, 동지로부터 해는 길어지는 반면 온도는 더 내려가니 기이한 것이다.

옛 사람들은 이 기이한 현상 또는 모순을 도저히 이해할 수 없었다. '해가 길어짐에도 불구하고 어떤 이유로 해서 온도가 더 내려가고 더 추운 것이지?' 하는 의문을 풀 수가 없었다. 그 이유에 대해 독자들은 초등학교 시절에 선생님으로부터 모두 배웠다. 하지만 선뜻 답을 할 수 있는 독자는 많지 않을 것이다. 그러니 옛 사람들이 알 수 없었던 것은 지극히 당연한 일이 아니겠는가.

그래서 옛 사람들은 동지로부터 길어지는 해를 두고 '가짜 해'라고 불렀다. 빛은 길어지지만 온도는 더 내려가니 저 해로부터 오는 빛은 '영양가가 없는 가짜 햇빛'이라 여겼던 것이다. 해는 해인데 힘이 없는 해라서 '가짜 해' 또는 해와 비슷하지만 해는 아닌 해라는 의미에서 상화(相火)라 했던 것이다. 하지만 햇빛에 가짜 햇빛이 어디에 있겠는가? 그냥 옛 사람들이 그 이유를 몰랐을 뿐이다.

보통의 사람들은 이성보다는 감성에 더 의존한다

지구로부터 1억 5천만 킬로미터 떨어진 태양으로부터 방사(放射)된 햇빛은 8분 하고도 30초 동안 우주 공간을 날아와서 지구 표면에 도달한다. 우리가 보는 저 햇빛은 따라서 8분 하고도 30초 전에 쏘아진 빛이다. 빛은 전자기파인데, 지표면은 그 빛을 흡수한 뒤에 그것을 열로 바꾼다.

해는 동지로부터 길어지기 시작하지만 땅은 그것을 열에너지로 바꾸고 시간이 지나면 그 열을 다시 공기 중으로 뿜어내기 시작한다. 그런 열을 복사열(輻射熱)이라 하는데, 땅이 햇빛의 전자기파를 받아서 복사열로 전환하기까지는 한 달의 시차가 존재한다.

그렇기에 동지, 즉 겨울의 지극한 점에 이르러 해는 길어지지만 땅은 계속 식어들게 되고 그로부터 한 달이 경과한 1월 20일경부터 땅의 온도, 즉 기온이 다시 올라가기 시작한다.

바로 그때를 우리는 가장 춥다고 해서 대한이라 한다. 이에 대한은 추위의 극점(極點)이고 온도가 다시 오르기 시작하는 전환점이다. 빛이 가장 짧은 때, 겨울의 극점은 동지이고 열이 가장 낮은 때는 대한인 것이다.

빛을 감지하는 것은 우리의 눈이다. 즉 시각이다. 사물을 밝게 헤아릴 수 있는 것을 우리가 명철(明哲)하다고 하듯이 시각은 이성(理性)이라 할 수 있다. 하지만 열은 눈이 아니라 우리 몸 전체를 통해서 느끼고 감수(感受)한다. 그렇기에 감성(感性)이라 할 수 있다. 사람은 이성과 감성을 가지고 세상을 살아간다. 보고 느끼면서 사는 것이 인간인 것이다.

그런데 보통 보면 사람들은 12월 20일경의 동지를 겨울의 한복판으로 여기지 않고, 가장 추운 1월 20일경의 대한을 겨울의 한복판으로 여기는 경향이 있다.

다시 말해서 겨울을 두고 빛이 짧은 때라는 인식보다는 추운 때로 여기는 경향이 그것이다. 이는 보통의 사람들이 이성보다는 감성에 더 의존해서 살고 있음을 말해준다.

눈으로 헤아리는 일은 피곤한 일이다. 주의를 집중해서 관찰해야 하기 때문이다. 이는 우리가 이성을 통해 사고하는 것을 힘들고 피곤하게 받아들인다는 말이 된다. "머리 쓰고 신경 쓰는 일은 피곤해!" 하고 우리들이 흔히 하는 푸념이 바로 그것이다.

몸으로 느끼는 것은 신경을 쓰지 않아도, 주의를 기울이지 않아도 즉각적으로 감지할 수 있다. 쉽고 편하다. 온몸의 피부에 널리 깔려 있는 신경세포들이 알아서 알려주기 때문이다. 다시 말해 알아서 처리해주는 자율신경(自律神經)의 일이기에 편하고 쉬운 것이다.

최근 유행하는 말 중에 '촉'이란 단어가 있다. 쟤는 촉이 좋아! 식으로 말이다. 촉이란 말은 감촉(感觸)의 준말이다. 따라서 촉이 좋다는 말은 촉각이 좋다는 말인데, 몸으로 느끼는 감각의 영역이다.

'저 사람이 나를 좋아한다 싫어한다', '연인의 마음이 변했다 안 변했다' 등은 흔히 촉으로 판단하는 경향이 있다. 호(好)와 증(憎), 애정(愛情) 등은 감성의 영역인 까닭이다.

그렇기에 내가 매일 밤이면 밥을 주는 길고양이들도 내가 그들에게 어떤 감정을 가지고 있는지 잘 알고 있다. 그래서 밤 시간 귀가하는 나를 만나면 아주 귀여운 목소리로 "야옹" 하고 인사를 해온다. 우리 집 강아지도 내가 어떤 감정 상태인지 늘 확실히 알고 있다.

그런데 사람들에게 그 촉의 근거에 대해 물어볼 것 같으면 대부분의 돌아오는 대답은 "뭐라 꼬집어 말하긴 그렇지만 아무튼 그래" 이런 식이다. 느낌은 분명히 있는데 그것에 대해 조리 있게 정리해서 말하는 것은 어렵기 때문이다. 뭐든 정리를 하려면 이성을 가동해야 하는 까닭이다. 말은 두서가 없어도 되지만 글쓰기는 조직화되어야 하기에 피곤한 것과 같다. 이성적으로 사고하는 것은 피곤한 일이고, 피곤하다는 것은 대부분의 사람이 이성보다는 감성적이라는 것을 말해준다.

'대부분의 사람'이란 것은 결국 대중이란 말로 요약할 수 있다. 좀 더 정리하면 촉이 발달한 것은 여성이기에 남성보다는 여성이 감성적이고 남녀 할 것 없이 대중은 감성적이란 말로도 요약이 된다.

그렇기에 오늘날의 모든 매스마케팅은 감성을 자극하는 방식을 쓴다. 뿐만 아니라 요즘 사람들은 자신의 생각을 말할 때 '그렇다'고 하지 않고 '그런 것 같아요'라고 말한다. '같아요'라는 말은 이성적인 판단보다는 일단 내 느낌이 그렇다는 것이기에 감성적 표현이다.

먹고 사는 일은 이성에 속하고 남녀의 일은 감성에 속한다

《예기(禮記)》라는 책에 보면 "세상에서 가장 중요한 것은 음식(飮食)과 남녀(男女)"라고 말하고 있다. 음식이란 '먹고 사는 것'을 말하고, 남녀란 '남녀 사이의 애정', 즉 사랑을 말한다. 음식과 남녀, 참으로 탁월한 통찰이라 본다. 그런데 음식의 일, 즉 먹고 사는 일은 이성에 속한다는 사실이고 남녀의 일은 감성에 속한다는 점이다. 이 대목이 무척이나 중요하다.

먹고 살려면 싫어도 머리를 써야 한다. 그렇기에 먹고 사는 일은 언제나 피곤하고 힘들다. 머리를 잘 써야 하기 때문이다. 그렇기에 한 가족을 책임진 가장으로서 살아간다는 것은 대단히 힘든 일이고, 조직이나 기업을 책임진 사람은 더더욱 벅차고 힘들다.

음식, 즉 먹고 사는 일이야말로 치열한 생존경쟁의 장을 만들어낸다. 음식의 일은 남녀의 일, 즉 애정처럼 감성의 세계가 아닌 것이다.

흔히 좋아져서 사랑하다가 싫어져서 헤어지는 일을 두고 사람들은 뭐라 나무라지 않는다. 하지만 가족을 책임진 사람들, 즉 부부가 다른 애정이 생겨서 헤어지는 일에는 상당히 깐깐하다. 그것은 애정만의 문제가 아니라 먹고 사는 문제, 특히 자녀들의 앞길과 결부되기 때문이다.

음식의 일을 애정의 일처럼 편하게 처리할 수 있으면 안 되냐고 주장하는 사람들도 많은데, 그것이 바로 경쟁보다는 평등을 추구하는 좌파(左派)들이다. 신자유주의야말로 모든 고통의 원천이라고 비판하는 좌파들의 주장이 바로 그것이다. 그렇기에 좌파는 언제나 어떤 사회 내에서 경제적으로 취약한 계층, 나아가서 신경 쓰며 살기가 피곤한 사람들에게 어필하는 매력을 지닌다.

감성적으로 살아갈 수 있다면 그야말로 커다란 위안이 된다. 정말 그럴 수만 있다면 얼마나 좋겠는가 말이다. 하지만 세상은 음식을 놓고 다투는 세상이다. 다시 말해 먹는 일은 결국 경쟁을 수반하지 않을 수가 없다. 따라서 이성의 영역이고 전투의 영역이다.

"천 마리의 양보다 한 마리의 어린 양"이란 예수님의 말은 감성의 영역에선 지극히 동감하지만 현실, 즉 이성의 영역에선 역시 '천 마리의 양'이 훨씬 중요한 법이다. 종교는 결국 종교인 법이어서 세상 살아가면서 힘들어 하는 많은 사람들의 감성을 위로해주는 기능을 할 뿐이다.

이에 좀 더 얘기하면 종교적 진실이란 결국 '감성의 진실'을 말한다. 더불어서 좌파들이 흔히 쓰는 '진정성'이란 어휘도 결국 감성의 진실을 말한다.

참 세상은 묘하다. 동지로써 빛의 최저이고 대한으로써 열의 최저를 만들고 있으니, 세상은 언제나 알 듯 모를 듯 참으로 묘하게 만들어져 있다.

이성과 감성, 음식과 남녀. 삶이란 먹고 사는 것이고 사랑하고 미워하며 사는 것이다.

7장. 인생의 여정

지금 나는
어디쯤
가고
있을까

이를 두고 역행(逆行)이라 한다. 무엇을 역행한 것일까?

바로 천지와 자연의 흐름에 역행한 것이니

그 결과 천지와 자연으로부터 대가를 치르게 된다.

때와 장소를 어긴 자의 앞길에 광영이 비칠 까닭이 없는 것은

당연한 이치인 것이다.

정선 동강 아우라지의 느티나무 그늘 밑에서

금요일 아침에 강원도 정선의 동강에 다녀왔다.

동강(東江), 이름이 참 예쁘지 않은가. 영월의 동쪽 강이라 해서 붙여진 이름이다. 좀 더 정확히 얘기하면 정선에서 흘러내리는 강은 '조양강'이고, 이 강이 가수리 계곡에서 나오는 '동대천'을 만나서 동강이 된다. 조양강이 동대천과 만나는 지점을 '아우라지'라 하니, 이는 '두 물이 어우러지는 곳'이란 뜻이다.

동강이란 영월의 동쪽에서 흘러오는 강이란 뜻이고, 영월의 서쪽 강인 서강(西江)을 만나면 남한강이 된다. 아우라지가 있는 곳은 가수리인데, 물이 예쁜 마을이라 하는 것으로 봐서 한자는 佳水里일 것 같다.

가수리에는 '정선 초등학교 가수분교'라는 아주 작은 초등학교가 있다. 학교 마당에는 수백 년된 느티나무가 있으니, 마을의 신령한 당산목(堂山木)이다. 붉은 단풍이 물든 잎사귀들이 가을바람에 분분히 떨어지는 느티나무 아래에서 잠시 생각에 잠겼다.

'젊어선 (죽어라) 일만 하고 늙으면 놀고 싶어도 기력이 없어 제대로 놀지도 못하니 이거야 원!'

이런 푸념을 젊은 시절 제법 했다는 기억이 났다. 이에 나는 오늘에 이르러 과거의 나에게 답을 해보았다.

> 야, 이놈아 그래도 젊었으니 그런대로 품삯을 받았던 게지, 늙으면 누가 줄 것 같으냐. 그래 안 그래? 그리고 늙었으니 놀 기력이 없다는 거 말이지 꼭 그렇지도 않더라. 몸 아껴가며 살살 노는 맛도 상당해, 거짓말 아냐, 진짜야.

하지만 배가 고프면 라면 두 개 끓여서 식은 밥 한 그릇 뚝딱 말아먹던 시절이 좋긴 좋았던 것 같다. 지금은 밥 한 공기 넘기기도 지루하다.

아우라지의 언덕 위 신령한 느티나무 아래에서 내 상념은 계속 이어져갔다. 유장히 흘러가는 강물 앞에 서니 그랬던 것 같기도 하다. "인생은 유수(流水)라더라"는 노랫말도 있지 않은가. 내년 여름이면 만 60년을 꽉 채운다. 이제 적지 않은 세월을 살았고 그중에 바람과 서리 맞는 세월도 한 10여 년 지내봤으니, 최근 들어 지난 세월의 나 자신을 문득문득 돌이켜 보게 된다. 동강 아우라지 앞이니 더욱 그렇다.

飄飄何所似 天地一沙鷗

우선 떠오르는 생각은 "인생 뭐 없다"는 옛 어른들의 말씀이다. 이에 일단 고개를 끄덕인다.

서른 하고도 일곱까진 그런대로 세월이 좋았다. 그렇지만 당시엔 그게 좋은 것인 줄 정말로 알지 못했다. 그저 이렇게 살아가나 보다, 때로는 투덜대며 지냈었다.

"한치 앞도 모른다는 말"이 딱 맞는 말이었다. 동강의 물이 연신 돌아나가는 까닭은 계곡이 앞을 가로막기 때문인데 삶도 꼭 저러하구나 하는 생각이 들었다. 하지만 물길을 막아 돌아가게 하는 계곡 암벽에 내린 울긋불긋한 단풍은 저토록 아름다우니 기분이 묘했다.

물길을 막는 암벽을 보면서 나는 '경치가 기가 막히다' 하며 감탄을 하고 있지만, 과연 동강의 물은 어떤 생각을 할까, 그저 장애물이자 태클로만 여기지 않을까, 궁금했다.

아무튼 어느 날엔가 갑자기 비바람이 몰아치기 시작했다. 곧 멎을 줄로만 여겼는데, 그것이 그치기는커녕 무서리 내리고 이어서 된서리마저 내리는 것이었다. 서리는 들에만 내린 것이 아니라 찬바람 맞다 보니 어느새 눈썹과 살쩍(관자놀이와 귀 사이에 난 머리털)에도 내렸다.

당시의 내 모습은 비루먹은 강아지 꼴이었을 것이 틀림없다.

'비루먹었다'는 말이 구체적으로 무슨 말인지 아시는가? 버려진 강아지를 보면 어떤 놈은 피부가 헐고 털이 빠져서 초췌하기 그지없으니 그게 바로 '비루먹은 것'이다.

월급 받으며 살던 놈이 무모하게 자진 사표를 내니 월급이 끊어졌고, 사업한답시고 나섰지만 그게 될 까닭이 없어서 그만 돈줄 끊어지고 나니 그야말로 유기된 강아지 꼴이었다. 그러니 내가 유기견이나 길고양이들에 대해 유난히 애정을 갖는 까닭도 실은 나 자신에 대한 사랑, 즉 자기애라 하겠다. 동병상련이란 말이 그것이다.

처자식이 있어 부양해야 하는데 그럴 능력은 없고 참 처량한 처지였다. 비루먹은 강아지 주제에 가장이랍시고 처자식 이끌고 드넓은 강호(江湖)를 유랑하는 형국이었으니 그때 비로소 나는 두보(杜甫)가 남긴 "飄飄何所似(표표하소사) 天地一沙鷗(천지일사구)"란 구절을 가슴으로 이해할 수 있었다.

> "처자식 이끌고 세상을 이리저리 표표히 떠도는 내 모습을 무엇이라 할까? 고개 들어 강변 백사장을 바라보노라니 하늘과 땅 사이를 외롭게 떠도는 한 마리 갈매기와 같구나!"

예전엔 그냥 멋 부림으로 외었던 시구절이 어느덧 내 삶의 현실이 되고 있었으니, 그게 참 그랬다.

나는 어디쯤 흘러가고 있는 것일까

풍상의 세월 좀 보냈더니 오늘에 이르러 나 호호당은 그런대로 밥술을 뜨면서 지낸다. 또 그런 현실 혹은 사실에 대단히 만족하며 지낸다. 심지어는 행복하기까지 하다. 아침저녁나절 뜨고 지는 해를 바라보고 흰 구름 떠가는 것만 봐도 즐거울 때가 잦으니 말이다.

흘러간 세월을 동강의 아우라지 앞에서 돌이키다 보니 '풍상(風霜)의 지난 세월이 애틋하고 아름다웠다'는 생각도 들었고, 한편으론 '참 굽이굽이 인생길이었구나' 하는 탄식도 새어나왔다.

불평하고 불만을 하는 사람은 사실 세월이 그런대로 좋은 사람이다. 다시 말하면 호시절을 보내고 있는 것이다. 그러다가 어느 날 불평이나 불만 같은 것은 늘어놓을 수도 그럴 필요도 없는 때가 찾아오기 마련이니, 그때에 가면 아, 지난 시절이 호시절이었음을 불현듯 알게 된다. 하지만 어려운 시절 또한 보내고 나면 그저 밥 먹고 살아 있는 것만 해도 고맙기 그지없는 때가 이윽고 찾아오는 법이니, 그러면 한 인생 살았다고 말해도 된다.

이쯤 되면 삶에 대해 한 경지 깨쳤고 나아가서 달관했다는 생각을 해도 되는 것일까? 그렇지가 않다. 우리는 살아 있는 이상 죽을 때까지 끊임없이 이런저런 걱정, 여러 잔걱정을 하면서 살아가도록 되어 있기 때문이다.

인생이란 어차피 욕심과 두려움, 그리고 무지와 희망으로 점철되기 마련이니 그것을 나는 삶의 원동력이라 여긴다. 탐욕과 공포, 무지와 희망은 삶의 에너지이고 동력기관이기에 그것을 버리거나 멈출 생각은 아예 하지 않는 것이 좋다고 본다. 다만 그것이 동력기관이고 에너지라면 그것을 조금은 더 현명하게 쓸 수 있는 법을 깨닫는 것이 필요하다는 생각이다.

내가 블로그에 글을 올리고 강의를 하고 배우고자 하는 이들에게 가르쳐주는 '자연운명학'의 이치란 것도 조금은 더 현명하게 자신의 삶과 세상을 바라보는 데 있어 도움이 될 수 있다면 그것으로 충분하지 않을까 싶다.

수시로 한강 둔치에 나간다. 집에서 가까운 동작대교와 반포대교 사이의 공원을 찾아가 한강을 바라본다. 물을 좋아하는 까닭이다.

저 한강 물이 어떤 물인가? 하고 물어볼 때가 많다.

태백산의 무수히 많은 샘으로부터 발원해서 내를 이루고 천을 이루고 그러다가 강을 이룬다. 사람들은 그 물에 이름을 붙인다. 송천과 골지천이 만나서 조양강을 이루고 다시 동대천을 만나서 동강을 만들고 다시 영월에서 서강을 만나서 남한강을 만든다.

물은 다시 여러 곳으로부터 흘러내린 다른 물들을 만나 충주호에 모이고, 그 물은 다시 여주 신륵사의 돌탑 앞을 지나 양평으로 흘러들다가 양수리에서 북한강을 만나서 팔당호를 만들면서 한강이 된다.

한강은 서울 한복판을 흐르는 듯 흐르지 않는 듯 유장하게 흘러서 서해 바다로 들어간다.

한강은 큰 강이지만 속도는 느리다. 인생 만년에 이르러 사람의 동작이 느려지는 것과 같다. 하지만 한강 둔치에는 천만 시민이 찾아들고 날씨 좋은 가을날엔 풍성한 남색의 물로 넘실거리니 참으로 아름답다. 나도 나이가 들면 서울 한복판을 흐르는 한강물처럼 되어야지 하는 다짐을 할 때가 많다.

'그런데 시방 지금 나 호호당은 어디쯤 흘러가고 있는 것일까?' 하는 의문이 들었다. 그러다가 내가 동강 아우라지의 가수리 신령한 느티나무 밑에 서 있는 것으로 봐서 어쩌면 나는 시방 가수리쯤을 흘러가고 있는 것은 아닐까 하는 생각이 들었다.

신령한 느티나무님께서 일러준 것 같기도 하다.

완성의 비극,
인간의 정신은 포만을 거부한다

왜 완성을 즐기고 누리지 못하는가

부단하고도 면면하게 이어지면서 죽는 날까지 흘러가는 우리의 삶이지만, 그 삶 전체를 통틀어서 완성의 시점은 분명 존재한다.

그 무엇이든 완성된다는 것은 좋고 또 기쁜 일이지만, 그 '완성'을 그냥 즐기고 누릴 수 있는 이는 많지 않다. 어쩌면 없을지도 모르겠다. 그렇기에 완성된다는 것은 실로 두려운 바가 있다. 사람은 다 이루어진 이후에 그냥 그곳에서 머물지 않고, 거기서 또 다시 새로운 꿈을 꾸기 시작하기에, '완성'을 즐기고 누리지 못한다.

오랜 세월에 걸쳐 삶과 운명을 연구해온 나는 삶에는 완성의 시점이 있다는 것을 발견했고, 또 완성 이후의 시간을 우리는 희극보다는 비극에 더 가깝게 보내게 된다는 것을 발견했다.

그 이유는 과연 무엇일까? 우리 인간은 근본적으로 욕망을 어느 선에서 그치도록 설계되어 있지 않기 때문이다.

욕망 중에 가장 원초적인 것은 식욕과 성욕이다.

아주 건강한 성욕에 굶주린 젊은이가 어느 날 맘껏 자신의 허기진 성욕을 채울 수 있는 여건이 만들어지면 실로 즐거운 나날을 보낼 것이다. 그런데 그것이 어느 일정한 한도와 양을 넘기게 되면 어떤 일이 벌어지는가? 여건이 계속 허락한다면 그 젊은이는 이윽고 변태성욕자로 변해간다.

변태란 것은 몸은 이미 포만(飽滿)한 상태이나 정신은 여전히 굶주렸다는 강박 관념을 고집할 때 나타난다. 포만한 다음에도 여전히 굶주림에 시달리는 우리의 정신은 계속해서 욕망을 채우라고 우리에게 강요하는 것이다.

'내 이 정도만 되면 소원이 없겠다'던 어떤 사람이 정작 그 소원을 이루고 나면 그 정도는 아무것도 아니었다는 것을 느끼게 되고 어느 날 문득 불만에 휩싸이게 된다. 그 결과 또 다시 '내 이 정도만 되면 만족한다'고 다짐하면서 새롭게 목표를 설정한다. 몸은 포만해졌어도 정신은 포만의 상태를 거부하기 때문인 것이다. 그리하여 우리의 정신은 다시 새롭게 더 높은 상태로 달려가라고 강력한 명령을 발동한다.

앞에서 말했듯이 우리 인생에는 더 이상 소유하거나 누리면 아니 되는 상태, 즉 완성의 시점이 존재한다. 그러나 정신은 그 완성을 단연코 거부한다.

'무슨 소리, 여기서 만족할 것 같으면 나는 시작하지도 않았다', '더 높은 곳을 향하여 간단없이 가차없이 달려가고 올라가야 해' 하고 정신은 우리를 꼬드긴다. 그래도 가만히 있으면 사정없이 거세게 우리를 몰아붙인다. (그런 면에서 파우스트에 등장하는 악마 '메피스토펠리스'는 바로 우리 속에 깃든 정신 그 자체인 것을 알 수 있다. 악마가 달리 있는 게 아니라 우리 자신이 악마일 수 있는 것이다.)

이런 현상은 욕망에 찌든 세속적인 사람에게만 나타나는 것이 아니다. 놀랍게도 종교인이나 높은 정신세계를 향유한다고 여겨지는 사람들도 실은 동일하다. 역사 속에 존재했던 무수한 종교전쟁이 그 단적인 예라 하겠다.

세속의 사람이나 높은 정신세계 혹은 종교계의 사람이나 '인간의 정신은 포만을 거부한다는 점'에 있어서 하등의 차이가 없다는 것이 내 솔직한 생각이다.

수백 년 전 일본을 통일한 도요토미 히데요시는 대륙의 명나라 정벌을 목표로 험한 바다를 건너 조선을 침략했다. 일본을 다 거머쥐었으면 그로써 천하를 얻은 셈인데 왜 엉뚱한 짓을 벌였을까? 어떤 역사학자들은 "통일한 이후에는 병력이 별로 필요 없으니 그들을 소모해야만 안정된 통치가 가능했다"는 식으로 해석하기도 하지만, 본질은 아주 간단하다. 도요토미의 정신 역시도 완성을 거부했던 것이다. 사실 이런 완성 이후에 시작된 비극적인 일들은 먼 역사를 들춰낼 것도 없다. 우리 주변에도 무수히 존재해서 내가 늘 보는 일들이다. 인생사의 모든 비극은 역경(逆境)에 있을 때가 아니라 완성된 이후의 일들인 경우가 더 일반적이니 참 그게 그렇다.

정주영 회장의 예 역시 그러하다. 열심히 사업해서 대한민국 제1의 부호가 되었다면 그로써 만족하고 누렸어야 할 일이다. 정주영 회장의 인생 완성 시점은 계동 사옥 집무실에 들어서던 1984년의 순간이었다. 그러나 정 회장의 정신은 만족과 포만을 거부했고 더 큰 일을 찾아 나섰다. 그러던 중 1992년 대통령 선거에 출마하는 엉뚱한 일이 있었던 것이고, 실패한 이후 급격하게 시들고 말았던 것이다. 이는 본질에 있어 도요토미 히데요시의 엉뚱한 짓이나 전혀 다를 것이 없다.

"시련은 있어도 실패는 없다"는 명언을 남긴 정주영 회장이지만 그런 천하의 정주영 회장도 '성공해서 완성된 이후에 더 힘든 것이 있다'는 것은 알지 못했다. 이를 두고 나는 '성공의 실패 또는 성공의 비극'이라 부른다. 사실 이는 '완성의 비극'이라 해야 할 것이다.

인류사를 들여다보면 온통 이런 비극으로 점철되어 있고 우리 주변에서도 흔히 볼 수 있는 일이다. 다름 아닌 우리 대한민국 자체가 지금 그런 길을 가고 있다. 웅진그룹의 윤석금 회장 또한 마찬가지다. 2000년 무렵 맞이한 완성의 시점을 지난 뒤의 무리한 사업시도가 그를 '완성의 비극'으로 이끌었다.

'겨울 나그네의 여정'을 즐길 수 있어야 한다

냉철하게 말한다면 그 이후는 그냥 즐기거나 아니면 새로운 경영자에게 물려주어야 한다. 완성된 자는 그 자리에 잠시 머물다가 물러나야 하는 법이기 때문이다.

그러나 그럴 수 있을까? 아마 그러기는 어려울 것이다. 물려주고 2선으로 빠지고 싶다 해도 그게 어려운 이유가 있다. 그간의 무수한 경험에서 쌓인 경영 노하우와 어려운 역경을 넘어온 관록이 있는 사람들인지라 그들의 눈에 그 어떤 누구도 미흡하고 못마땅할 것이기 때문이다. 그래서 "아직은 내가 할 일이 있고 역할이 있다"는 말이 분명 나올 것이고 이에 그간의 총애를 받던 부하 직원들은 당연히 그렇게 하시라고 충언(?)을 할 것이니 그렇다.

은퇴했던 사람이 다시 복귀할 때 흔히 "아직 다 하지 못한 역할과 일이 있어서"라는 복귀의 변을 많이 한다. 하지만 그 역시 포만을 거부하는 우리의 정신이 복귀를 강요한 경우가 더 일반적이다. 실은 그냥 은퇴 생활에 적응하는 것이 더 좋을 터인데 말이다.

완성을 본 자더러 즉각 물러나라고 한다면 그 또한 너무 가혹한 일이긴 하다. 그러니 시간을 좀 주어서 여흥을 즐기도록 해야 할 것이다. 물론 운명은 그런 시간을 배려해놓고 있다.

막이 내린 뒤의 여담 또는 에피소드 같은 것이 있어야 당연한 것이니, 그 시간은 완성으로부터 2년간이다. 그러고 나면 또 다시 2년에 걸쳐 물러나는 데 필요한 시간이 주어진다. 이렇게 4년의 시간이 주어진다.

이 대목에 오니 문득 톨킨이 남긴 위대한 환타지 소설《반지의 제왕》이 생각난다.

프로도가 반지를 가지고 고향 샤이어를 떠나야 하는 입장에서 마법사 간달프는 시간이 얼마 없다고 재촉하지만 프로도는 계속 망설인다. 그러다가 가을 추수감사절을 지내고 프로도는 마침내 어쩔 수 없이 반지를 없애기 위한 길고 험난한 여정에 오른다. 다소 늦은 감이 있었지만 실은 가장 적절한 때였던 것이다. 결국 프로도가 절대 반지를 불타오르는 화산 정상에 올라 던져 없앴다는 것은 우리 속의 포만을 모르는 정신의 악마를 녹여버린 것이다.

평범한 대목 같지만 이야말로 톨킨의 위대함, 삶에 대한 깊은 통찰에서 나온 스토리가 아닐 수 없다. 동화처럼 쉽게 흘러가는 이야기지만 20세기에 배출된 그 어느 문호보다도 더 심원한 삶의 이야기를 들려주고 있는 톨킨이다.

완성으로 가는 여정이야 물론 즐길 일이지만, 완성이 되면 물러날 줄 알아야 한다. 완성은 좋고 기쁜 일이지만 성대한 여흥이 끝나면 그로부터 더 큰 성취와 영광이 아니라 실은 조촐하게 홀로만의 여행, '겨울 나그네'의 길을 가야한다. 또 그 외로운 '겨울 나그네의 여정'을 즐길 수 있어야 한다.

그리고 겨울로 가는 홀로만의 여정은 새로운 도전이기도 하다. 이는 포만을 거부하는 우리의 정신, 원래 그렇게 생겨먹은 이기적이고 못된 우리 속 그 놈과의 정면대결을 펼쳐야 하는 전혀 다른 투쟁의 길이다.

해피엔딩으로 끝나는 옛이야기는 흔히 "그러고 나서 그들은 오래오래 아주 행복하게 잘 살았답니다"로 끝이 나지만, 그 점이야말로 현실과 환상이 결별하는 지점이라 하겠다. 그런 까닭에 우리는 사실 다 알면서도 끊임없이 해피엔딩의 동화나 소설, 드라마 혹은 영화를 찾아나서는 게 아닐까!

(오늘 글은 쉽사리 이해되기가 어려워서 나 또한 평소 좀처럼 털어놓지 않는 삶의 심원한 비밀에 관한 얘기였다. 다시 말해서 마법사의 전언이었다. 찬찬히 읽어두고 새겨두면 훗날 많은 도움이 될 것이라 생각한다.)

제조업을 하는 사람들의 운명

제조업이 앞으로 남고 뒤로 밑지는 이유

“제조업은 앞으로 남고 뒤로 밑진다”는 말이 있다. 또 “될 때는 잘 되지만 나중에 좋게 마무리하기가 어렵다”는 말도 있다. 제조업이 어려운 근본적인 이유는 투자와 회수 사이에 존재하는 시간적인 간격이 다른 사업에 비해 길기 때문이다.

제품이 시장에서 좋은 반응을 얻어 잘 팔려나갈 경우 사람들은 “야, 떼돈을 벌겠네” 하지만 경영자의 입장에서 보면 그림이 다른 경우가 많다. 매출이 잘 되고 있고, 영업이익도 늘어나고 있지만 선행된 투자의 원리금을 회수하기에는 아직 요원한 때가 많다. 매출이 좋아

주문이 계속 늘어나서 공급이 부족하게 되면 경영자는 투자 원리금 회수는 생각도 못하고 추가 투자 여부를 놓고 고민해야 한다.

나아가서 그간에 벌어들인 이익금만으로 추가 투자를 하게 되면 물론 좋겠지만, 장차 늘어날 매출을 감안하면 그것만으로는 부족하다는 판단에서 또 다시 거래은행으로부터 융자를 받아 추가 투자에 나서는 경우도 많다. 그 결과 제조업을 하는 사람들은 늘 부채를 지고 살아간다. 사업이 잘 되는 바람에 더 많은 빚을 지게 되는 것이다. 물론 그간에 많이 벌었지만 가진 현금은 없고 그저 자산의 규모만 늘어난다.

이것이 제조업에서 성공한 경영자들의 일반적인 모습이다. 그럼에도 불구하고 주변에선 "자네 성공했으니 좀 보태달라"는 손길은 여기저기에서 끊임이 없다. 흔히 하는 말처럼 성공한 제조업 경영자는 빛 좋은 개살구 신세를 면치 못한다. 이런 양상은 중소 제조업 경영자들에게서 흔히 볼 수 있지만, 사실 알고 보면 우리나라의 재벌 기업 경영자들도 실정이 크게 다르지 않다.

최근 뉴스에서 보니 대기업들이 300조가 넘는 돈을 현금으로 쌓아두고 있다는 보도가 있었다. 이런 기사를 보면 물정 모르는 사람들은 "우와, 나쁜 놈들, 돈을 산더미처럼 쌓아둔 채 투자는 하지 않고 일자리도 늘려나갈 생각은 추호도 없네" 하면서 비방을 한다.

그 돈 300조가 모두 그간에 벌어들인 수익금이라면 모를까, 대기업들 역시 그 몇 배에 달하는 부채를 안고 있다. 당장 경기가 위축되고 있다 보니 향후 상황을 살피고 있는 것이다. 그나마 현금을 쌓아 두고 있다는 것은 향후 여건이 좋아지면 그 돈을 투자할 의향이 있음을 말해준다. 그렇지 않고 장차 경제상황이 지속적으로 위축된다 싶으면 대기업들 역시 그 현금을 놀리기보다는 아예 부채 상환에 나서는 것이 더 합리적인 대안일 것이니, 이는 본격적인 디플레이션을 의미하는 것이어서 그야말로 나쁜 뉴스가 될 것이다. 그렇기에 "투자를 하는 기업은 등에 업고 싶은 심정"이라고 대통령이 절박하게 말하고 있는 것이다.

추가투자를 멈추고 회수에 나서야 하는 때

지금까지의 얘기를 통해 알 수 있듯이 성공한 제조업자의 입장에서 가장 어려운 것은 언제 추가투자를 멈추고 회수(回收)에 나서야 하냐는 것이다. 이는 마치 성공한 제국이 어느 시점에서 제국의 외연(外延), 즉 테두리를 넓혀가는 작업을 멈출 것인가 하는 문제와도 같다.

이 질문에 대해 그 어떤 과학도 해답을 제시하지 못한다. 그래서 그것은 일종의 예술적 영역으로 남아 있다. 하지만 내가 연구해낸 운명학의 입장에서 보면 그 해답은 지극히 간단명료하다.

즉 그 주체가 되는 사람이나 사물의 운 흐름이 한로(寒露)나 상강(霜降)에 이르렀을 때 투자를 멈추면 된다. 한해 중에서 한로와 상강이란 절기는 양력 10월 8일경에서 10월 23일경에 이르는 시기이다.

이를 60년의 순환에 맞추어 보면 입춘으로부터 40년 후가 한로이고 상강은 42.5년 후의 시기이다.

농부가 봄인 4월 하순의 곡우(穀雨)에 볍씨를 뿌리면 10월 하순의 상강에 가서 수확을 본다. 농부가 가장 많은 쌀을 만지는 때가 바로 상강 무렵이다. 이는 제조업 경영자의 입장에서도 동일하다. 그 사람의 운 흐름이 한로에서 상강에 이르러 매출이 가장 많고 주문도 계속 늘어난다. 이는 농부가 풍성한 수확을 보는 것과 같다.

하지만 농부는 그것이 수확의 때라는 것을 알고 있다. 즉, 거둬들인 쌀을 그 즉시 종자(種子)로 삼아 논에 뿌리는 법은 없다는 말이다. 방금 수확한 쌀을 그 즉시 논에 뿌려서 농사를 짓는 멍청한 농부는 이 세상에 없다. 그런데 때를 모르는 제조업 경영자는 눈앞에 매출이 잘 되고 있고 주문도 계속 늘어나다 보니 그만 그 시점에서 또 다시 추가 확장을 위해 공장을 짓고 설비를 늘린다.

미시경제학에선 한계수익, 즉 제품 하나를 추가 생산해서 얻는 수익이 그로 인해 드는 비용, 즉 한계비용보다 큰 이상 생산을 늘리라고 가르친다. 다시 말해 MR이 MC보다 큰 이상 생산을 늘려나가는 것이 합리적이라 말한다.

그러나 어느 순간이 되면 다시 말해서 시장 수요가 떨어지는 순간이 오면 그 이전까지 분명히 컸던 한계수익이 한순간에 한계비용보다 훨씬 작아져버리는 때가 불현 듯 찾아오기 마련이다. 미시경제학은 이 점에 대해 초연하고 또 고고하며 무책임하다. 그건 네가 알아서 할일이라는 식이다.

정답을 말하면 제조업 경영자는 농부가 10월의 한로 상강에 가서 수확을 보면 그 곡물을 11월 하순의 소설(小雪) 전까지 창고에 입고를 완료하는 것처럼 자신의 운 흐름에 있어 소설까지는 투자의 회수를 마쳐야 한다. 그런데 대부분의 제조업 경영자들은 눈앞에 주문이 계속 늘어나다 보니 이 추세가 계속될 것이라 판단하고 투자 회수에 나설 시점에 거꾸로 융자까지 얻어서 대규모 증설에 나서는 것이 일반적이다.

이를 두고 역행(逆行)이라 한다. 무엇을 역행한 것일까? 바로 천지와 자연의 흐름에 역행한 것이니 그 결과 천지와 자연으로부터 대가를 치르게 된다. 때와 장소를 어긴 자의 앞길에 광영이 비칠 까닭이 없는 것은 당연한 이치인 것이다.

왜 길이 아닌 길을 가는 것일까

운의 흐름이란 무엇인가? 천지자연의 흐름이고 천지와 자연이 다니는 길이다. 다시 말하면 그것은 자연의 도(道)인 것이다. 따라서 운의 흐름 자체는 좋은 것도 나쁜 것도 없다. 다만 사람이 운의 흐름, 즉 자연의 흐름을 모르거나 무시하는 바람에 역행하면 어렵게 되는 것이고 대가를 치르는 것일 뿐이다.

'길이 아니면 가지를 말라'는 말이 바로 그것이다.

그런데 무수한 제조업 경영자들은 길이 아닌 길을 간다. 그리고 몰락한다. 역대의 오랜 인간사에 있어 영원히 되풀이되는 그림이고 장면이다.

그렇다면 왜 길이 아닌 길을 가는 것일까?

그것은 자신이 걸어온 길이 원래 길이 아니었다는 생각, 이에 걸어온 그 모든 길은 자신 스스로가 개척해온 길이었다는 생각, 다시 말하면 교만 때문이다. 다시 말해 그 어떤 길도 얼마든지 개척해낼 수 있다는 패기와 자신감이라 하겠는데 그 또한 때가 맞지 않으면 교만이 되는 것이다.

"시련은 있어도 실패는 없다"는 말, "세상은 넓고 할 일은 많다"는 생각, 그런 말을 뱉는 순간 어김없이 영락(零落)의 길로 접어들었지 않았는가. 그 당찬 기개를 두고 나쁘다고 할 순 없지만 결국 세상을 이겨낼 수 있다는 자만심이 그 말속에 도사렸던 것이다.

많은 사람을 상담해오면서 그리고 과거 일들에 대한 연구를 통해 흥망성쇠의 이치가 너무나도 간단함을 알게 되었다. 길이 아니면 가지 말아야 한다는 것이다.

지금 눈앞의 일이 융성하다면 이제 걸음을 멈출 생각을 하는 것이 좋다. 지금부터야말로 진짜 새로운 시작이라는 생각을 조심해야 한다. 그리고 어떤 일을 30년 이상 해오면서 그간 그런대로 무난히 잘 해왔다 싶거나 나름 작은 성취를 보았다 싶으면 이제 앞으로 나아가기보다는 물러날 생각을 먼저 해보는 것이, 그것도 심사숙고를 해보는 것이 정답이다.

이에 잠깐 우리 국운과 맞물려서 경제에 대한 얘기를 하고 마무리를 하자.

2006년이 우리 국운의 상강이었고, 그로부터 5년 후인 2011년은 국운의 소설이었다. 우리는 1964년 국운의 입춘 바닥으로부터 줄기차게 도전해왔고 마침내 대단한 성취를 보았으니 이는 분명한 사실이다.

그리고 2011년 소설이 되자 옛날 책에 이르는 대로 희망의 무지개는 사라지고 천기는 위로 올라가고 지기는 밑으로 내려가니 더 이상 생산의 뜻이 없으며 이로써 모든 것이 막히면서 진정한 겨울이 시작되었다. 휴식의 때이고 휴지(休止)의 시기인 것이다.

가령 조선업의 절정은 2006년이었으니 국운의 상강 무렵이었다. 이에 조선업체들은 서서히 빠져나갈 준비를 해야 함에도 그 이후 수주를 늘렸고 생산용량을 키웠다. 그 결과 최근 STX 같은 조선그룹은 존폐의 위기에 처해 있다.

주택건설업체들 역시 마찬가지다. 인프라 건설도 그렇고 국내 주택 건설 역시 수요는 동이 났으며, 해외건설은 제 살 깎기 경쟁에 들어가 있다. 화학 분야 역시 고전 중인 것은 잘 알려진 사실이다.

그나마 자동차와 전자가 역할을 해주고 있지만, 이 또한 이미 극성(極盛)의 때를 넘기고 있어 크게 기대하기는 어렵다. 냉정히 말하면 지금은 전략적 철수 혹은 출구전략을 서둘러 시행할 때라 하겠다. 우리보다 앞섰던 나라들이 왜 멀쩡하던 시장에서 철수해갔는지 그 이유에 대해 이제 많은 생각을 해볼 때가 온 것이다.

지금까지 우리는 앞으로 열심히 전진만 해왔지 그런 철수의 경험을 국가 전체가 가지고 있지 않다. 그러니 그 또한 수업료를 내야 할 것이라 본다. 세상에 공짜수업은 없다.

헝그리 복서가 되어야 개혁을 한다

운(運)은 60년 그리고 60개월, 또 60일, 심지어는 5일 즉 60시진(120시간)을 하나의 주기로 해서 끊임없이 순환해간다. 나는 이 순환을 해마다 되풀이하는 24절기로 설명하고 있는데, 이는 빗대어 설명하는 비유가 아니다. 그 본질은 조금도 차이가 없고 동일하다. 사람마다 그리고 사물마다 그 순환의 출발점은 다르지만 순환의 과정은 큰 틀에 있어 동일하다.

경칩에 겨울잠을 자던 개구리가 뛰쳐나오는 이유

한해의 출발을 양력 2월 4일경의 입춘으로 하듯이, 사람이나 사물의 운세 역시 출발은 입춘으로 한다. 2월 4일경의 입춘으로부터 한 달이 지나면 3월 5일경의 경칩이 되는데, 이 무렵을 나는 운의 재(財) 바닥이라 부른다. 재운이 가장 저조한 때라는 뜻이다.

경칩이란 절기는 그 이름부터가 재미있다. '놀랄 驚(경)'에 '겨울 잠 잘 蟄(칩)'인데, 겨울잠을 자던 개구리와 같은 동물이 놀라서 땅 밖으로 나온다는 절기이다.

그런데 흥미로운 것은 3월 5일경의 경칩이 되면 비단 개구리나 뱀 등의 겨울잠 자는 동물만이 놀라서 나오는 것이 아니라, 실은 천지의 모든 사물이 잠에서 깨어나 밖으로 나온다는 사실이다.

그리고 그들이 놀라 밖으로 나오는 까닭을 알면 더 흥미롭다. 흔히 봄이 와서 놀란다는 설명을 들었겠지만 전혀 그렇지가 않다. 더 이상 겨울잠에 취해 있다가는 영양실조로 인한 쇼크로 그냥 영원히 잠들어 버릴 수 있기 때문이다.

겨울잠을 자던 동물은 경칩 무렵이 되면 체내의 영양 물질이 고갈되어버리기에 일단 바깥으로 나와 영양보충을 하는 것이 급선무가 된다. 다시 말해서 잠에서 깨어 밖으로 나오는 동물들은 심한 영양 부족과 체력 고갈 상태에 있다는 것이고, 살기 위해선 어떻게 해서라도 먹이를 찾아서 먹어야만 계속 살 수 있다.

따라서 경칩이란 이대로 더 이상 있다가는 죽을지도 모른다는 두려움과 공포에 질린 나머지 부랴부랴 밖으로 기어나오는 때인 것이다. 그래서 놀랄 驚(경)을 써서 경칩이라 한다.

그런 까닭으로 60년 순환에 있어 입춘으로부터 5년이 흐른 이 시점을 재운의 바닥, 줄여서 재바닥이라 한다. 재바닥은 거꾸로 말하면 살고자 하는 의지, 생에 대한 의욕이 가장 강렬하게 솟구치는 때라고도 말할 수 있다. 3월 초 바깥으로 나온 개구리는 지치고 허기졌지만 살고자 하는 의지로 가득한 '헝그리 복서'이다. 물론 우리 사람도 운세가 재바닥에 도달하면 당연히 헝그리 복서가 된다.

바깥으로 나와서 걸어 보니 영양실조로 인해 다리는 풀려 있고 눈은 흐릿하다. 전신에 아무런 맥이 없다. 곧 죽을 것만 같은 느낌이다. 그런데 이상하게도 죽지는 않는다. 그럴수록 살고자 하는 본능이 더 솟구친다. 사실 이때야말로 60년 순환을 통해 가장 처절한 때가 아닐 수 없다.

헝그리 복서는 체면이고 자존심이고 그런 것을 가리지도 묻지도 않는다. 청탁(淸濁)을 묻지 않고 먹고 살 수만 있다면, 오로지 배만 채울 수 있다면 그것으로 일단 만족이다.

진정한 헝그리 복서는 어떤 모습일까?

멀리 갈 것도 없이 1969년의 대한민국이 바로 그랬다. 1964년에 입춘을 맞이했던 대한민국은 5년 뒤인 1969년이 되었을 때 바로 그런 시기를 맞이했다.

1969년의 대한민국은 그야말로 자존심이고 체면이고 가리지 않는, 즉 물불을 가리지 않는 진정한 '헝그리 복서'였다. 그렇기에 1969년은 우리 현대사만이 아니라 세계적으로도 유래를 찾아보기 어려운 놀랍고도 엄청난 사회적 개혁이 이루어진 시점이었다. 그때야말로 우리 민족사의 '거대한 전환점'이었던 것이다. 이처럼 재운의 바닥 지점에서 뭔가를 찾아 그것을 소중히 하면서 가꾸어 나가면 그것이야말로 훗날 성공의 씨앗임을 알게 되는 것이니, 이는 운명의 순환에 있어 조금치도 어김이 없는 철저한 법칙이다!

모택동은 1917년이 입춘이었는데, 1921년 7월 상하이에서 열린 중국 공산당 발기대회에 참가했다. 겨우 13명이 참가한 창당발기대회였다. 13명으로 출발한 중국공산당은 30년이 채 되지도 않은 1949년에 장개석의 국민당을 축출하고 공산혁명을 완수한 후, 중화인민공화국을 세웠으니 그 영도자는 모택동이었다. 오늘날 중국 공산당의 당원은 무려 8천만 명이 넘고, 중화인민공화국은 어느덧 미국과 어깨를 겨룰 태세를 취하고 있다.

모택동은 바로 재운의 바닥에서 당시로는 성공 가능성이 희박하기 그지없는 중국 공산당에게서 모종의 희망을 발견한 것이고, 거기에 자신의 모든 것을 걸었던 결과 당의 영도자가 되었고, 오늘의 중화인민공화국을 건설할 수 있었다.

이처럼 재운의 바닥에서부터 일관되게 자신의 테마를 견지해나가면서 24년이 지나면 대단한 성취를 보는 법이고 그 이후로도 더 큰 성과를 쌓을 수 있다.

우리 대한민국은 국운의 재바닥이던 1969년을 전후한 시점에서 진정한 개혁을 단행했다. 그러면 그로부터 24년이 지나간 시점에는 과연 어떤 일이 있었던가?

바로 1993년 2월, 우리는 그 사이에 민주화와 산업화라는 두 마리 토끼를 다 잡았고 그로써 마침내 문민정부, 시민이 다스리는 나라를 세울 수 있었다.

우리의 산업화와 민주화의 진정한 출발점은 1969년 당시 박정희라는 지도자와 당시의 모든 국민들이 함께 단행한 일대 개혁에 있다는 사실이다. 어떻게 그럴 수 있었느냐 하면, 당시 우리 모두가 헝그리 복서였기 때문이다.

뿐만 아니라 2017년이면 그로부터 24년이 두 번 거듭된 48년이 경과하는 시점이 되는데 바로 그 무렵부터 남북한 통일의 길이 열릴 것이니 그 또한 1969년에 단행된 진정한 개혁의 기초 위에서 가능한 일인 것이다. (올해가 2014년이니 통일의 길은 이제 3년만 지나면 열릴 것이다.)

이처럼 재바닥이야말로 진정한 개혁의 때이며 그를 통해 거듭나고 또 다시 변화 발전해간다는 것이다.

이미 우리 사회는 그간 눈부신 발전을 이룩했다. 하지만 그것도 이제는 어느덧 진부해져가고 있다. 점점 더 낡은 틀에 갇혀가기 시작했다. 줄여 말하면 '세월이 이제 늙은 것'이다.

어쨌거나 그런대로 먹고 살만한 까닭에 우리는 변화를 추구할 용기와 기백이 없다. 그 바람에 사람들은 우리가 덮어쓰고 있는 껍질이 이미 너덜해진 구각(舊殼)인 것을 애써 외면하고 있다.

2014년 새해가 되자 지난 몇 년간 금융위기다 뭐다 하면서 내수경기가 침체되어 많이 힘들었던 탓에 올해는 혹시나 살림살이가 어떻게 좀 나아지지나 않을까 하고 기대하는 마음이 많은 것 같다. 박근혜 정부도 경제혁신 3개년 계획을 세워서 뭔가 본격적으로 내수회복에 총력을 쏟아 붓겠다는 강한 의지를 보여주고 있다.

이런 희망에 대해 찬물을 끼얹겠다는 것은 아니지만, 올해 상반기부터 정확하게 1년 정도가 그런대로 괜찮은 기간이 될 것으로 진단한다. 내년 하반기, 정확하게 내년 10월부터는 심상치 않은 여러 조짐들이 나타나면서 어려운 시련이 닥쳐올 것이라 전망한다.

하지만 너무 미리 걱정할 것은 없다. 걱정하던 것도 정작 닥치면 적응이 되고 적응이 되다 보면 어느덧 강해지는 법이기 때문이다. 그리고 마침내 재바닥이 오면 또 다시 낡은 틀을 버리고 새 가죽으로 단장하게 될 것이고, 새로운 발전의 길이 열릴 것이기 때문이다.

꿈이 있는 자여, 입을 다물지어다

욕망이나 의욕이 많은 것이 문제가 아니다

욕망 혹은 의욕이란 것은 우리의 삶에 있어 대단히 중요하다. 가령 중병에 든 환자가 살고자 하는 의욕이 없으면 치유되기가 어려운 것과 같다.

철인(哲人)들은 흔히 욕망을 줄여라, 과욕(寡慾)하라는 말을 남기고 있지만, 사실 나는 사람들을 만나서 얘기할 때 한껏 욕심을 부려보라고 말하는 편이다.

우리가 살아가면서 부딪치는 여러 문제는 욕망이나 의욕이 많아서가 아니라는 생각을 한다. 욕망이나 의욕 자체가 문제가 되는 것은 아니고, 그 욕망이나 의욕을 추구하고 관철시키는 데 필요한 에너지가 있느냐가 문제가 된다고 여긴다.

가령 당신이 자동차를 몰아서 천리의 먼 길을 가고자 할 때 당연히 여러 가지 필요한 것이 있겠지만 무엇보다도 중요한 것은 천릿길에 소요되는 기름이 있느냐 하는 것이다. 물론 기름, 가스는 바로 에너지이고 힘이다.

세상을 보면 이 세상이 잘못되었다고 하면서 징징대는 '허약한' 이상주의자들이 많다.

어떤 이가 높은 이상을 품었다고 하자. 물론 좋은 일이다. 그런데 그것을 말로만이 아니라 실제로 구현하려면 끝까지 포기하지 않고 갖은 어려움을 견디고 극복하면서 갈 수 있는 강인하고도 지칠 줄 모르는 에너지가 필요하다. 그러니 징징대는 허약한 이상주의자는 자신이 품기 어려운 지나치게 높은 이상을 가진 것이다.

그렇기에 우리의 욕망과 의욕은 자신이 가진 힘과 에너지의 수준에 의해 결정이 되고 제약을 받는다는 것을 알 수 있다. 힘이 100이라면 그 사람의 욕망이나 의욕 혹은 이상은 100 이하에 머물러야 한다. 이것이 삶에 존재하고 작용하는 '의욕과 에너지의 법칙'이란 생각을 나는 한다.

운세가 상승한다는 것, 운세가 하락한다는 것

여기서 한 걸음 더 나아가보자.

운명을 연구해온 내가 내린 결론 하나를 소개한다.

운세가 상승한다는 것은 그 사람의 의욕과 에너지가 함께 동반해서 커가는 과정이고, 운세가 하락한다는 것은 그 사람이 품은 의욕이 가진 에너지에 비해 더 크고 시간이 지날수록 그 차이가 벌어져가는 때이다.

흔히 "거저먹으려 한다, 날로 먹으려 든다"는 말을 한다. 거저먹는다는 것은 별 힘도 들이지 않고 해내거나 차지하는 것을 뜻한다. 사람이 살다보면 때론 거저먹는다는 착각을 할 때가 물론 있다. 가령 그냥 복권을 한 장 샀는데 기대하지 않은 거금이 당첨된다든지 하는 경우가 그렇다. (이런 뜻밖의 행운도 깊은 차원의 경지에서 보면 그냥 거저먹는 것이 아니다. 그럴 때가 되어서 그런 것일 뿐이다.)

그리고 이처럼 이거 공(空)으로 먹는구나 싶은 일이 한두 번 생기고 나면 그 사람은 이른바 맛이 간다. 운세가 맹렬히 하강하고 있음을 본인은 결코 모르겠지만 말이다. 세상에 공짜 없다는 말이 괜히 있는 것이 아닌데, 운세가 하락 중인 사람의 대표적인 증세가 바로 쉽게 가지려 하고 거저먹으려 든다는 것이다.

운세가 하락하고 있는 사람은 흔히 이런 생각을 한다. '내 그간 쌓은 내공(內功)도 있고 하니 이번 일도 이 정도 대충하면 뭐 되는 거 아니겠어' 하는 착각을 한다. '뭐 그 까이 꺼!' 하는 마음이야말로 바로 운세가 하락하는 사람의 대표적인 심리이다.

운세가 하락하는 사람은 그런 안일한 마음을 왜 갖게 되는 것일까?

이 대목에서 지금까지의 논의는 한 단계 더 깊어진다.

운세 하락 중인 사람이 안일한 마음을 가지는 이유는 아주 간단하다. 그 사람의 마음속에 욕망과 의욕만 있을 뿐, 그것을 감당할 수 있는 에너지가 고갈되어 가고 있기 때문이다.

그 어떤 일도 세상에 쉬운 것이 없다는 것을 잘 알면서도 스스로 에너지가 고갈되고 있기에 쉽게 해결하려고 든다. 아직 욕망과 의욕은 여전하기 때문이다. 에너지는 없는데 욕망과 의욕은 여전하다면, 바로 그를 일러서 헛된 욕망이라 하고 헛된 의욕이라 부른다.

여기서 한 가지를 정리하면, 우리가 가진 에너지의 또 다른 이름은 열정이라는 점이다. 따라서 욕망과 의욕은 열정과는 전혀 다른 성질의 것임을 이해할 필요가 있다. 열정이 있으면 간절(懇切)해진다. 간절하면 성의(誠意)가 생긴다. 성의가 있으면 통(通)하게 된다.

우리 대부분은 곤궁하고 배가 고플 때 간절해지고 성의가 있다. 이를 '헝그리 정신'이라 부른다. 이미 배가 불렀는데 더 먹고자 하는 이는 별로 없다. 이는 상식이다. 배가 불렀으니 먹고자 하는 열정이 있을 까닭이 없다. 우리 몸의 생리작용은 대단히 정직하고 정확하기 때문이다.

욕망과 의욕 혹은 이상의 크기를 결정짓는 것, 열정

그러나 생리작용을 떠난 욕망의 대상, 보다 고차원적이라 말할 수 있는 욕망에 대해서는 대부분의 사람들이 자신이 가질 수 있는 욕망의 한계를 가늠하지 못한다. 바로 이점이 문제다.

욕망과 열정은 동반해야 하는데, 열정은 없고 헛된 욕망만 남아 있을 때 우리의 인생에는 문제가 발생한다. 쉽게 말해서 거저먹으려 들 때 온갖 사단이 발생한다.

한창 망해가는 사람의 흔한 넋두리가 있으니 바로 "내가 누군데!" 하는 말이고, 이에 어떤 무엇을 거저먹어도 된다는 식이다. '대단하던 시절의 나'는 이미 벌써 흐르는 강물에 흘러가버렸건만, 아직도 과거에 대단했으니 지금도 대단한 것으로 인정하고 치부해달라는 요구, 그러니 좀 거저먹자는 요구는 사실 대단히 염치가 없는 생각이고 행동이다.

거저먹으려는 심리는 욕망은 살아있으되 그것을 추구하려는 열정은 없을 때 나타난다. 욕망과 의욕 혹은 이상의 크기를 결정짓는 것은 바로 그 사람이 지닌 열정이다. 열정이 적다면 욕망과 의욕 혹은 이상도 낮추어야 한다.

사람의 운명을 보면 운세가 상승할 때엔 욕망과 열정이 동반한다. 누구나 그러하다. 그러나 운세가 하락할 때를 보면 욕망은 남아 있거나 그대로이고 열정은 줄어가고 있으니, 그런 까닭으로 운세가 하락하다 보면 나중에 큰 어려움을 겪는다.

운세는 상승과 하강을 반복할 뿐, 그 자체로 좋고 나쁨이 없다. 그저 자연의 운동(運動)일 뿐이다.

그러나 이것이 인간의 문제로 들어오면 탈이 생긴다.

운세가 하강하면 열정도 줄어드니 그에 맞추어 욕망도 줄여가야 한다. 그러면 아무런 탈이 없다. 그저 시들해져서 조용히 지내면 되는 일이다. 마치 계절이 겨울로 접어들 듯이. 그러나 대부분의 사람은 운세 하강 시에 열정의 소멸과 함께 욕망을 줄여나가는 법을 모른다. 그러면 나름 크고 작은 파탄과 역경을 겪게 된다.

'그래 이 정도면 이제 만족해도 되지 않을까?' 하는 느낌이 온다면 만족하면 된다. 그런데 그게 아니고 '아니야, 난 더 가고 싶어' 하는 욕망이 들었다면 스스로에게 조용히 물어볼 일이다. 과연 내게 더 갈 수 있는 힘, 즉 열정이 있는지를.

언젠가 이상화 선수가 질주하는 모습을 보았다, 목표점을 향한 매의 눈동자와 굳게 다문 맹수의 입술을 보았다. 그리고 결승선을 통과하고 고글을 벗은 뒤 '해냈구나' 하고 자신을 확인하는 모습도 보았다.

그 장면은 열정의 폭발이었고 분출이었다.

'경기장의 거리는 비록 500미터였지만, 그 500미터를 뛰기 위해 이상화가 달려온 거리의 총합(總合)은 과연 얼마나 될까' '그 열정의 총합은 또 얼마나 될까' 하는 생각을 그때 했었다.

이상이 있고 꿈이 있다고 말하기는 쉽다. 하지만 그 이상과 꿈을 이루기 위해선 실로 얼마나 많은 무한대의 지치지 않는 열정이 필요하겠는가? 그러니 어떻게 함부로 이상과 꿈이 있다는 말을 쉽게 입 밖으로 뱉어낼 수 있겠는가!

꿈이 있는 자여, 입을 다물지어다.

당신의 때가 있다

8장. 행복

행복
해지는
연습

그러니 봄은 스스로를 단련시키는 때이니 주역 〈계사전〉에서
말하는 자강불식(自强不息)의 때이다.
여름은 주어지는 것에 최선을 다하는 자세를 가질 때이니
진인사대천명(盡人事待天命)의 때라 하겠다.
가을은 이제 얻은 것이 최상이라는 생각을 하며
안분자족(安分自足)하는 때이며,
겨울은 물러나서 세상을 관조하면서 유유자적(悠悠自適)하는
때인 것이다.

행복은 운의 흐름과 관련이 없다

인생유부침(人生有浮沈), 삶에는 오르내림이 있다.

이것이 운명을 오랫동안 연구해온 내 결론이다.

내가 인생을 사계(四季)로 말하는 것은 그저 비유가 아니다. 문자 그대로 그렇다.

봄은 자신의 삶을 개척하는 때, 여름은 의욕적으로 삶을 경영하는 때, 가을은 그간의 노력이 결실을 맺는 때, 겨울은 수확을 본 다음에 여유롭게 지난 세월을 반추하는 때이다.

누구나 이와 같은 운명의 사계를 지내게 된다. 다만 어떤 이는 태어난 때가 봄인가 하면 어떤 이는 여름이고 어떤 이는 가을 혹은 겨울이라는 차이가 있다. 물론 그 다음에는 순서에 따라 운명의 계절이 진행된다.

그런데 사람은 누구나 자신의 삶이 행복하기를 바란다. 그러다 보니 자신은 언제 좋은 때가 오는가에 대해 관심을 가진다. 이를 바꾸어 말하면 자신에게 언제 결실의 때인 가을이 오느냐를 물어보는 것이다.

그런데 놀랍게도 가을이 온다 해도 행복하지 않을 수가 있다는 점이다. 진실을 말하면 행복은 운의 흐름과 그다지 관련이 없다. 오늘은 이 대목에 대해 생각해보자.

행복이란 자신의 삶과 세상을 어떻게 받아들이느냐, 다시 말해 삶과 세상에 대해 어떤 생각과 태도를 지니느냐에 달린 문제이지 운세와는 상관이 없다. 삶과 세상에 대해 바른 생각과 태도를 가지지 못하면 행복이란 존재하지 않는다. 그저 일시적이고 순간적인 만족감 혹은 포만감만 얻을 수 있을 뿐이다.

만족감이나 포만감 자체가 바람직하지 않다는 것은 물론 아니다. 우리가 살아가면서 그런 순간들이 없다면 그야말로 사는 재미가 없을 것이니 응당 때로는 만족하기도 하고 포만감도 느끼면서 살아야 하겠다. 그러나 문제는 삶이 길다는 점이다. 긴 인생을 놓고 볼 때 일시적인 만족감은 또한 어느 순간에 사라져버리기 마련이고, 포만감은 또 다시 더 큰 포만감을 충족하려고 애를 쓰게 될 뿐이다.

뿐만 아니라 포만감은 한 가지 커다란 위험을 내포하고 있으니 그것은 자칫 권태(倦怠)로 이어질 수 있다는 점이다. 배부른 자는 그 어떤 맛있는 음식도 마다하기 마련인 법이니 그렇다. 그렇기에 포만감을 추구하다가 권태가 오면 사람은 자못 정상적이지 않은 것, 즉 변태로 흐를 수도 있으니 그것이 어떻게 행복이겠는가.

삶은 그저 고통의 바다일 뿐인가

지금부터 앞에서 얘기한 인생의 사계절에 대해 다시 한 번 살펴보자. 지금 당신의 계절이 봄이라고 하자. 봄은 개척하는 계절이라 했는데 말이 쉬워서 개척이지 어디 그게 그냥 편하게 될 까닭이 있겠는가? 시쳇말로 맨땅에 헤딩하고 삽질하는 일이니 당연히 힘들기 마련이다.

그렇다면 여름이라 해보자. 의욕적으로 경영하는 때라고 했으니 물론 욕심도 있고 패기에 차 있겠지만, 현실은 언제나 사람의 기대치만큼은 되지 않는 법이니 여름이라 해도 늘 아쉽고 부족한 감이 있기 마련이다. 그래서 툴툴거리며 보낸다.

이제 가을이라 해보자. 그간의 노력이 결실을 맺는 때가 가을인데 사람은 눈이 있어서 주변 사람과 비교해보기 마련이다. 객관적으로 수확이 적지 않다 해도 언제나 현실은 나보다 더 많은 수확, 더 풍성한 수확을 거둔 사람이 있기 마련이니 그 또한 불만이다.

남 보기에는 괜찮다 싶지만 본인 스스로는 이것 정도로는 정말 성에 차지 않는다. 이것이 내 운명의 가을에 얻는 수확이라 한다면 인생이 너무 시시하다는 생각마저 든다. 그렇기에 가을은 수확의 계절이자 동시에 불만의 계절이 된다. 우리나라가 국운의 추수(秋收)를 보는 2004년 무렵이 되자 분명 크게 성공한 것이 사실이지만, 국민 대다수가 상대적 박탈감에 시달리게 된 것은 바로 이런 정서를 말해준다.

이제 겨울이라 해보자. 과거 세월을 반추하면서 사색하는 계절이라 했는데 눈앞의 현실은 이상하게 점점 기울어가는 느낌이 든다. 그래서 뭔가 아쉽고 쓸쓸하고 충족되지 않아 괴롭고 힘든 때이다.

봄은 개척하느라 힘들어서 불행하고, 여름은 욕심이 많아서 불행하고, 가을은 성에 차지 않아서 불행하고, 겨울은 아쉬운 마음에 허전해서 불행하다.

이렇게 되면 운에 상관없이 모든 세월과 삶이 불행하고 불만스럽게 된다. 그래서 싯다르타는 삶이 고해(苦海), '고통의 바다'라고 말했던 것이다.

사람들은 나 호호당이 운명의 이치를 알고 있다고 하니 찾아와서 자신의 운세 또는 운 흐름을 물어본다.

얼마 전에 오셨던 한 아주머니는 "내 삶에서 수확의 계절이 언제 오느냐"고 물었다. 그래서 "몇 년 전에 지나갔고 이제 겨울로 접어들었다"고 답했다. 이에 그 아주머니는 "아니 그게 가을이었다니 나 원 참!" 하면서 허탈해하는 것이었다. 자신은 좋았던 세월이 없었다는 것이다.

그 아주머니는 자녀들을 열심히 키우느라 그리고 미국 유학까지 보내는 바람에 금전적으로 여태껏 한 번도 풍족한 적이 없었다고 했다. 나는 그저 쓴웃음을 지었다. 속으로는 '그 비싼 미국 명문 사학에 유학을 보내지 말고 그 돈으로 다른 부인들처럼 명품 가방도 좀 사보고 사치도 하고 우아하게 좀 살아보지 그랬어요' 하고 답해주었다.

물론 그 아주머니가 잘못된 행동을 한 것은 아니다. 자식들 잘 키워서 성공시키고 결혼시킨 다음에 내 인생을 즐겨보리라는 마음이었을 것이다. 하지만 사람이 결혼을 해서 아이들을 잘 키운 것만 해도 사실은 대단한 성공인데, 그것은 의무였을 뿐 삶을 즐긴 적은 없었다는 것이 그 아주머니의 말이다.

부부가 만나서 크게 불화하지 않고 헤어지지도 않고 건강한 자녀를 낳았으며 이에 힘을 모아 자식들을 위해 그 정도로 노력했다면 그것 자체로 성공인 것을, 정작 자신은 성공했다는 사실을 모르고 있으니 그저 안타까울 따름이다.

사람들은 자신이 가진 것에 대해서는 그저 그런 것 또는 당연한 것으로 여기고 남이 가진 것은 한없이 부러워만 하니 이 병을 과연 어떻게 치료해야 할까? 타고난 명을 볼 수 있고 운의 흐름도 정확하게 헤아릴 수 있는 나 호호당이지만, 그럼에도 불구하고 그 아주머니의 마음 깊숙하게 자리 잡은 고질병에 대해서는 정말이지 어떻게 해줄 방도가 없었다. 그저 황당해하는 그 아주머니의 표정만 뇌리에 새겨졌다.

행복은 삶과 세상에 대해 어떤 생각과 태도를 지니느냐의 문제

이처럼 운명과 행복은 '따로'의 것이다. 운이 아무리 좋아본들 행복할 준비가 되어 있지 않은 사람은 행복할 수가 없다.

기독교의 큰 가르침 중에 '늘 감사하는 마음으로 살라'는 것이 있다. 열성 신도들은 스스로 그런 마음으로 살고자 적지 않은 노력을 한다. 물론 좋은 일이다.

그런데 삶과 운명에는 오르내림, 즉 부침이 있는 것이니 삶이 어려워지고 곤궁해지면 그 마음은 크게 시험을 받는다. 예전에 늘 감사하는 마음으로 살아왔고 열심히 기도한 덕분에 그런대로 잘 풀려나갔으니 정말 그런 줄로 알았는데, '아니 왜 어려워지는 거지?' '이건 무슨 경우지?' 하면서 회의하게 된다. 감사하는 마음은 사라지고 하느님에 대한 회의마저 든다. '나는 진정으로 열심히 기도하고 감사하면서 신앙인의 마음으로 살아왔는데 끝내 결과가 이거란 말인가' 하면서 괴로워하고 힘들어 한다.

'늘 감사하라'는 말의 뜻은 '그 어떤 경우에도, 삶이 어떠한 처지에 놓여도 감사하라'는 말이다. 극단적으로 말하면 하던 사업이 부도가 나서 몰락할지라도 또는 몹쓸 병에 걸려 목숨이 경각에 처할지라도 감사하는 마음을 가지라는 말이다.

잘 될 때는 '하느님의 뜻대로 하소서' 하다가 어려워지면 하느님이 원망스러워진다면 어떻게 그것이 참된 신앙이라 하겠는가. 그렇기에 나는 어떤 이가 진지한 크리스천이라 해도 하느님에 대한 신앙이 아직 시험을 거치지 않았다면 온전한 신앙이라 보지 않는다.

열심히 노력한 결과 풍족하게 되어 다니는 절에 거액의 시주를 하는 보살님도 마찬가지이다. 그러다가 풍족한 세월, 즉 운명의 가을이 지나고 겨울이 지나 영락(零落)해지고 나면 '아니 평생 갖다 바쳤는데 겨우 보답이 이 모양이냐'고 화를 내는 아주머니 보살을 본 적도 있다. 이렇게 되면 삶은 역시 고해(苦海)로 끝난다. 싯다르타는 그 고해를 벗어날 수 있는 길을 제시했는데 말이다.

이처럼 행복이 무엇인지 행복할 수 있는 준비도 없이 그저 좋은 때만 바라보면서 살다보면 그야말로 '철 들자 죽는다'는 말처럼 뒤늦은 후회만을 안고 허무하게 삶을 마칠 수도 있을 것이다.

결국 마음을 어떻게 먹느냐에 달린 문제이다.

당신이 맞이한 운명의 계절이 봄이라면 개척해야 하는 때이니 힘든 것은 당연한 일이다. 피해가거나 마다할 생각을 하기보다는 내 의지와 힘을 튼튼하게 단련하는 호기(好機)로 여길 일이다.

지금의 계절이 여름이라면 의욕적으로 욕심에 가득 차서 씩씩거리며 "아직도 나는 배가 고프다" 하면서 도전해갈 일이지만, 현실은 언제나 기대치보다 못하기 마련이니 이 정도로도 고마운 일이라는 생각을 잊지 말아야 하겠다.

지금의 계절이 가을이라면 수확이 어느 정도든 그것이 내 스스로 열심히 노력해온 결실이라는 것을 알아서 자족(自足)해야 하겠으니 이를 옛사람들은 안분자족(安分自足)이라 일러주었다. 공연히 옆집과 비교해가면서 많고 작음을 따지다 보면 어느새 마음의 중심은 흔들리고 만다. 불만의 가을이 되고 마는 것이니 이야말로 무서운 심마(心魔), 즉 마음의 마귀라 하겠다.

지금의 계절이 겨울이라면 이제 그간의 일들을 반추하고 반성해 보면서 때가 되어 물러나는 것 또한 중요한 일인 것을 알면 되는 일이다. 이제 야심을 부릴 때도 아니고 앞서서 설칠 때도 아니다. 그저 조용히 우아하게 물러나서 세상을 관조하면 그로써 나름 달관(達觀)의 경지에 들어설 수 있을 것이다.

그러니 봄은 스스로를 단련시키는 때이니 주역 〈계사전〉에서 말하는 자강불식(自强不息)의 때이다. 여름은 주어지는 것에 최선을 다하는 자세를 가질 때이니 진인사대천명(盡人事待天命)의 때라 하겠다. 가을은 이제 얻은 것이 최상이라는 생각을 하며 안분자족(安分自足)하는 때이며, 겨울은 물러나서 세상을 관조하면서 유유자적(悠悠自適)하는 때인 것이다.

행복이란 앞에서 말한 일시적인 만족감이나 포만감이 아니다. 행복이란 늘 은근(慇懃)하고도 충만(充滿)한 감정의 상태이니 이는 당신이 하느님을 믿는 사람이든 불교를 믿는 사람이든 아니면 무신론자이든 그리고 돈과 권력이 많든 적든 아무 상관이 없다.

이런 마음과 태도를 가진다면 자연이 늘 보여주고 베풀어주는 사시사철, 사계절은 모두가 좋은 계절이고 때가 될 수 있을 것이고 저마다의 주어진 삶 또한 그러할 것이다. 나아가서 눈앞의 때와 매 순간을 즐길 수 있게 될 것이다.

운의 상승과 하강에 대해

상승운은 좋고 하강운은 나쁘다?

운명에 대해 많은 얘기를 하다 보니 운의 상승과 하강이란 말을 자주 쓰게 된다. 그런데 운의 상승과 하강이란 말을 행복이 상승하고 행복이 하강한다는 식으로 이해하는 분들이 있다. 또 상승을 갈수록 더 잘 살게 되는 것으로, 반대로 하강을 갈수록 삶이 어려워지는 것으로 받아들이는 분들도 많다. 물론 운의 상승과 하강이 행복의 상승 하강과 전혀 관련이 없지는 않다. 하지만 직접적 연관은 없다.

봄이 오면 여름이 오고, 가을이 오면 겨울이 온다. 이는 세상에 끊이지 않고 늘 있는 사계절의 순환이다. 이를 편의상 봄과 여름을 상승이라 하는 것이고, 가을과 겨울을 하강이라 하는 것이다. 사람에 따라 좋아하는 계절에 대한 기호나 취향이야 있겠으나, 그렇다고 '봄과 여름이 가을과 겨울보다 좋은 것인가' 하고 당신에게 묻는다면, 아마도 꼭 그렇지는 않다고 답할 것이다.

한 가지 분명한 것은 있다. 결실의 계절인 가을을 싫어하는 이는 드물다는 점이다. 사람들이 가장 좋아하는 운세는 풍요의 계절 가을인데, 가을은 분명 운기 상으로 하강운에 속한다.

사실 가장 힘든 계절은 겨울도 아니고 봄이다. 만물이 소생하는 계절이니 당신도 죽음에서 부활하고 소생해야 하는 고통을 겪어야 한다는 점에서 예외가 없다. 따라서 봄이 가장 힘든 계절이 된다. 그러나 봄은 운세 상 상승운에 속한다.

겨울이 춥고 힘든 계절이지만, 가을에 거두어들인 수확을 잘 관리하면서 지낼 수 있다면 겨울이야말로 편하고 우아한 계절이 된다. 바쁜 일도 없고 한가로이 거닐면서 살아갈 수 있으니 좋은 계절이다.

또 여름을 보자. 여름은 만물이 의욕 또는 욕심을 한창 보이는 때, 야망의 계절임이 분명하다. 그러나 여름이 야망의 때라고 해서 너무 자기 욕심만 차리고 남을 무시하다 보면 덕이 없고 훗날 비난을 받거나 재앙의 원인이 된다.

즉 나의 운이 상승운이라 해서 문제가 없는 것이 아니며, 하강운이라 해서 무조건 나쁜 것이 아니라는 것이다.

상승운에 해야 할 것,
하강운에 해야 할 것이 있을 뿐이다

톡 까놓고 말해, 상승이면 어쩔 것이며 하강이면 어쩔 것인가?

상승하는 과정이 얼마나 힘들고 고달픈 과정인지 당신은 모르는가? 하강이야말로 조금만 조심하면 편안하고 즐거울 수 있다. 과연 당신은 어느 쪽이 더 좋으신지? 산은 올라가기 힘들지 내려오는 과정이 힘든가 말이다.

그리고 상승과 하강을 떠나 그 계절이 주는 임무 또는 미션을 제대로 수행하지 못할 것 같으면 어떤 계절도 좋지 않은 계절이 된다.

하강운에 비참하게 되는 사람이 실로 많다. 그러나 그것은 하강운이어서 그런 것이 아니라 그 앞에 있었던 상승운에서 마땅히 해야 했고 또 갖추어야 할 것을 제대로 하지 못했기에 그런 것이지, 하강운 자체가 나빠서가 아니다. 다시 말해 겨울이 꼭 나쁜 계절은 아니라는 얘기이다.

여름에는 뭐든지 웬만하면 그럭저럭 일이 잘 풀려간다. 심은 것은 잘 자라는 것이 기본이고 시도한 것은 대충 해도 형태가 잡힌다. 그래서 다 좋은 것 같지만, 정작 중요한 것은 가을에 결실로 돌아오느냐 하는 것이다. 벼가 오뉴월 긴 볕을 받아 잘 자란다고 해서 그것이 가을의 수확을 보장하지는 않는다. 또 여름 볕이 길고 남들이 심은 것이 더 돈이 될 것 같다 해서, 봄에 씨 뿌린 논을 다 갈아엎고 남 따라서 다른 것을 심는다고 그것이 무조건 돈이 되는 법은 없다.

여름에는 지나친 욕심을 경계해야 한다. 그렇지 않으면 가을에 그리고 겨울에 헐벗고 굶주리는 거야 기본이 아니겠는가? 그걸 두고 겨울이 나쁘다 탓하면 그 겨울 섭섭해 할 것이다.

봄에는 소생해야 하는 만큼 뭐든지 쉽게 되는 법이 없다. 봄 들녘에 빛이 가득하다 해서 그게 쌀이 되는 것도 아니요 돈이 되는 것도 아니며, 꽃이 핀다 해서 예쁘기는 하겠으나 꽃이 밥이 되지는 않는다. 봄이야말로 고단하고 때론 한심한 계절이다. 그러나 이때가 운의 상승의 때이다. 그러니 운의 상승이 어떻게 행복의 상승이겠는가?

봄은 각오를 결연히 하는 계절이다. 어떻게 해서든 억척같은 마음으로 이왕 나선 거 한번 열심히 해보자는 각오를 다지는 계절이 봄이다. 봄에 각오를 단단히 다진 사람이라면 여름이 오고 가을이 오고 또 겨울이 와도 그 각오를 되새기며 조심하고 살필 것이다. 편안하게 지낼지언정 지금의 안락함이 결코 그냥 주어진 것이 아니라는 것을 망각하는 법이 없을 것이다.

가을, 물론 풍요의 계절이다. 그러나 풍요의 때라고 해서 조심해야 하는 것이 없지는 않다. 지난봄부터 여름 사이에 정성을 다해 열심히 경작해왔다면 이제 수확을 보는 것에 만족해야 할 것이다. 그것이 최선이었다고 말이다. 그런데 남의 논의 쌀이 내 것보다 더 풍성해보인다면 그로써 시기와 질투의 감정이 생겨날 수 있겠지만, 이걸 경계해야 한다.

조심할 것은 또 있다. 눈앞의 수확에 만족하지 않고, "겨우 이거라니 성에 차지 않는다" 하면서 계절 무시하고 곧 바로 가을 들판에 볍씨를 뿌린다면 그 볍씨 서리 내리고 땅이 얼면 죄다 얼어 죽을 것은 자명한 사실 아니겠는가. 그럼에도 불구하고 겨울 땅에 볍씨 뿌리는 행동을 하는 이가 허다하니 어찌 어리석음이 아니라 하겠는가.

우리가 살아가면서 순환을 느끼게 되고 운을 느끼다 보면 절로 이런 이치를 알게 되지만, 아직 삶의 경륜이 부족하다 보니 지나치게 욕심 부리고 지나치게 두려워하는 것이 아닐까 싶다.

운의 상승이 행복의 상승이 아니며, 운의 하강이 행복의 하강이 아니다. 운에 따라 주어진 것들을 잘 수행하다 보면 결국 우리의 삶과 행복이 운을 떠나서도 가능하다는 것을 알게 되는 날이 올 것이다. 이런 사람을 일러 좀 거창하게 말하면 도인(道人)이라 하겠다. 산에 가서 도를 닦는다고 도인이 아니요, 계절의 순환을 충실히 겪어가다 보면 누구나 도인이 된다. 그러니 도인 되는 거 쉬운 것이 아니지만, 그렇다고 어려운 것도 아니다.

운명을 바꿀 순 없어도 그래도 당당하게

운명을 스스로 개척한다는 아주 씩씩한 말이 있다. 어려운 처지에 굴하지 않고 환경을 스스로의 노력으로 개척해나간다는 말이다. 그런가 하면 시중에는 개운(開運)을 어떻게 할 수 있느냐에 관해 알려드린다는 식의 광고를 하는 곳도 있다.

그러다 보니 '운명을 개척한다'는 말이 마치 성형수술이란 현대의학의 기술로 마음에 들지 않는 부위를 고치는 것과 흡사하게 들리기도 한다. 하지만 운명을 개척한다거나 개운 운운하는 것은 틀린 말이다. 운명은 어떤 개척이나 개선의 대상이 아니기에 그렇다.

운명이란 단어는 사실 자연이란 단어와 동일하다. 우리는 자연의 계절 변화를 바꿀 수 없다. 봄이 온 다음 여름이 오고, 여름 뒤에 가을이 오고 겨울이 온다. 그 순서를 바꿀 순 없는 일이다.

여름에 비가 올 때 비에 젖지 않으려면 우산을 쓰거나 집에 들어갈 순 있어도 비를 내리지 못하게 할 순 없는 일이고, 나아가서 여름 자체를 오지 못하게 막을 수도 없다.

운명이란 말의 뜻이 자연과 동일하다면 우리가 자연의 계절 변화를 바꿀 수 없듯 주어진 운의 변화를 바꿀 수 없는 일이고 주어진 명의 고유(固有)함도 그러하다.

운(運)이란 말은 움직인다는 뜻인데, 그렇다면 무엇이 움직이는가? 바로 자연의 계절 변화라고 보면 정확하다. 계절을 건너 뛰거나 아예 오지 못하게 막을 순 없듯이 운의 변화도 그러하다.

명(命)이란 명령을 받았다는 말인데, 그 뜻이 무엇인가 하면 가령 국화로 태어났다면 국화로 사는 것이지 장미가 될 순 없는 노릇과 같다. 좀 더 명확하게 말하면 부모로부터 물려받은 유전자 DNA를 바꿀 순 없다는 말이다.

따라서 명이 바뀐다면 그것은 당신이 당신 아닌 다른 사람으로 변하게 되는 것과 같다. 신분 위장을 위해 얼굴을 전혀 다른 얼굴로 바꿀 순 있겠지만 그렇다고 해서 그 사람이 다른 사람이 될 수 없는 것과 같다.

어려운 환경이라면 그를 극복하기 위해 당연히 노력을 아끼지 말아야 하겠지만, 그렇다고 해서 그 노력이 개운 같은 행위를 말하는 것은 아니다.

국화로 태어났다면 국화인 상태에서 주변의 환경 변화, 즉 운의 변화에 적합하게 행동하는 것이고, 그러다가 마침내 공기 서늘한 가을이 오면 가을서리를 비웃는 그 오연(傲然)한 절개(節槪)를 한껏 자랑하면 되는 일이다. 그렇게만 하면 멋진 국화로 살다가는 셈이다.

우리나라 엄마들을 보면 아이가 봄에는 매화가 되라 하고 초봄에는 벚꽃이 되라 하며 여름에는 장미가, 그러다가 초가을엔 밝고 노랗게 빛나는 국화가 되라고 마구 주문을 해대는 것 같다.

어릴 적에는 착하고 씩씩하고 공부 역시 잘 하기를 바라고, 청년이 되면 늠름하고 좋은 대학 가기를 바라며, 좋은 배우자 만나서 아들딸 잘 낳는 것은 물론이고, 장년에는 대기업의 임원이나 사업을 해서 부귀영화 맘껏 누리길 바란다. 뿐만 아니라 노년에는 여유롭게 즐기면서 우아한 삶을 살다 가기를 바란다.

이는 명(命)도 자유자재로 바꾸고 운(運)도 계절의 정수(精髓)만을 따먹을 수 있기를 주문하는 것과 같다. 삶과 운명이란 뷔페식당에 가서 입맛에 맞는 것만 골라서 먹을 수 있는 대상이 아니다.

그런데 내가 상담하면서 만나본 엄마들은 사실 50보 100보의 차이는 있을지언정 다 거기서 거기였다. 그렇다고 뭐라 비난할 마음 추호도 없다. 여성이 남성보다 조금은 더 욕망에 대해 솔직한 면이 있을 뿐이고 남성들은 사회생활을 하다 보니 세상이 얼마나 치열한 곳인가를 조금은 더 알고 있는 차이라 본다.

바라는 것까진 좋다. 욕망하는 거야 자유니까. 그러나 그게 생각처럼 되지 않는다는 것 정도는 알고 있는 것이 좋지 않을까 싶다. 그렇게 되지 않는다고 절이나 교회에 제 아무리 열심히 나간다 한들 될 일도 아니지 않은가 말이다.

그런데 그게 어느 정도 성에 차지 않는다고 속이 상하고 열을 받아서 화병에 걸려 지내는 엄마들이 주변에 너무나도 많다. 물론 그것이 사는 맛이긴 하지만 실은 제 수명을 깎아먹는 일밖에 되지 않는다.

언젠가 어떤 아주머니가 스티브 잡스 전기, 그 두껍고 무거운 양장본 책을 책방에서 사는 것을 보고 용기를 내어 "실례지만 어떤 이유로 그 책을 사시느냐"고 물어본 적이 있다.

"아들이 공부를 하지 않고 장래에 아무런 관심이 없으니 이런 책이라도 읽게 되면 혹시 좀 나아지지 않을까 하는 기대로 산다"는 것이었다. "아, 네 그러시군요!" 하고 돌아섰지만 속에선 절로 '칵', 하는 기운이 치밀었다. 책이란 물건이 저런 이유로도 팔려나가는구나 싶어서 정말 많이 놀랐다. (아마도 그 스티브 잡스는 지금쯤 그 어머니의 지극정성을 외면한 채, 공부 안 하는 아들놈의 책꽂이에서 참고서와 함께 긴 휴가를 보내고 있을 것이다.)

지금 나는 운명이란 것이 자연이란 말과 동의어라서 마음대로 바꿀 수 있는 것이 아니란 말을 하고 있다. 그런데 이런 말을 하노라면 우울해하는 사람들이 의외로 많다. "그렇다면 노력해볼 여지마저도 없다는 것인가요?" 하면서 말이다.

아무리 열심히 설명해주어도 이렇게 받아들이시면 섭하다. 노력하지 말라고 하는 말이 아니다. 운명은 바뀌지 않아도 우리가 노력할 대상은 너무나도 많고 노력 여하에 따라 얻어낼 수 있는 것 또한 부지기수로 많다.

국화가 장미가 될 순 없어도 국화로 살면서 노력할 것은 얼마든지 있는 것이고, 운이란 태어난 순간부터 정해진 것이 있으니 좋은 운을 기다리면서 열심히 노력하면 되는 일이다. 그렇기에 누구나 한때와 제철은 오기 마련이고, 있기 마련인 법이고, 또 그러한 세상이다.

하지만 설사 녹록한 운명이라 한들 어떤가?

'녹록하다'는 말이 있다. 최근엔 잘 쓰지 않는 표현인데, 가령 예를 들면 '사람을 녹록하게 보지 말라는' 식으로 사용한다. 만만히 보지 말라는 뜻이다.

녹록은 한자어로서 碌碌이다. 여기에서 碌은 '자갈이나 보잘 것 없는 돌멩이'를 뜻한다. 아무데나 널려 있는 돌은 가치가 없다. 이렇게 길가에 아무렇게나 널브러져 있는 가치 없는 돌이 바로 碌碌(녹록)이다.

가령 당신의 운명이 그런 자갈이나 차돌이라 하자. 아버지가 짱돌이고 어머니가 조약돌이라서 그 결과 차돌로 태어났다면 어쩔 수 없이 차돌로 살아야 할 것이다. 그게 차돌에게 주어진 명(命)이다.

하지만 차돌도 운(運)을 만나 나라를 지키는 성벽의 부자재로 쓰일 수 있다면 그 또한 영광스런 일이라 하겠다. 그러나 차돌로 생겨난 바람에 빌딩의 폼 나는 주춧돌로 쓰이지 못한다고 세상을 한탄할 이유는 전혀 없다.

차돌로 태어난 바람에 설령 아무 곳에도 쓰이지 못하고 강변에서 굴러다니고 있다 해도 그게 나쁜 일인가? 생각하기 나름이고 처세하기 나름의 삶이고 운명이다.

가령 여름 강변에 처하여 흐르는 맑은 물에 심신을 도야(陶冶)하면서 청산리 벽계수야 하고 목청 높여 노래하며 지내는 것도 나름 일류(一流)의 풍류(風流)일 수 있다. 일찍이 장자(莊子)가 말한 바 "무용(無用)의 용(用)"도 말이 된다는 얘기이다.

잘 살기 위해선 당연히 노력해야 한다. 하지만 운명이란 것은 노력을 통해 바꿀 수 있는 대상이 아니다. 그런 면에서 본다면 이 세상은 절대 공평하지 않다. 그러나 자갈이나 차돌로 태어났다 하더라도 마음먹기에 따라 얼마든지 당당(堂堂)하게 살아갈 수 있는 것이 세상이다. 존재하는 자에게 주어진 존재의 권한만큼은 누구에게나 공평한 세상이니 그렇다.

맺음말

인생이란 참으로 경이롭고 즐거운 여행

여기까지 읽어온 독자라면 '이 책에 있는 말과 주장들이 정말 그럴까?' 하는 의문이 들 수도 있겠습니다. 이에 대해 저는 '정말 그렇다'라고 답하고 싶습니다.

이 책의 글들은 일종의 에세이 형식이지만, 그 이면에는 철저하게 과학적인 이론들, 동시에 무수히 검증된 법칙들로 확고하게 뒷받침되어 있다는 점을 일단 말씀드리고자 합니다.

몇 년 사이 우리 사회의 분위기는 많이 침체되어 있고 미래에 대한 불안감이 만연해 있다는 생각이 듭니다.

40대 중반에서 50대에 이르는 이른바 기성세대는 직장에 대한 불안감, 치열한 경쟁, 부족한 노후대책, 아파트 담보대출에 대한 부담감 등으로 마음이 영 불편한 입장입니다.

그런가 하면 직장을 다니고 있는 30대 후반에서 40대 초반의 세대들은 지나치게 비싼 주택문제와 치열한 경쟁환경, 육아문제, 맞벌이 등으로 인한 스트레스와 미래에 대한 불안감으로 힘들어하고 있습니다.

그리고 이제 사회에 진출해야 하고 또 진출하고자 하는 20대 후반에서 30대 초반의 세대들은 이른바 '취준생(취업준비생)' 신분이 되어 엄청난 스트레스는 물론이고 불투명한 미래로 인해 보기에도 딱할 정도로 많은 고생을 겪고 있습니다.

한때 우리 대한민국은 대단히 희망차고 의욕에 넘치는 나라였습니다. 그런데 어쩌다가 무슨 이유로 해서 오늘날 이렇게 힘든 나라가 되고 말았을까요?

이 책을 여기까지 읽어온 독자라면 물론 그 이유를 이제 충분히 이해할 수 있을 것이라 여깁니다. 개개인마다 저마다의 때가 있듯이

나라에도 운명의 사계절이 있기 때문인 것이고 이에 대한민국은 60년을 1년으로 볼 때 양력 12월 20일경에 있는 동지의 어둡고 또 점점 추워지는 때를 보내고 있기에 그렇다는 것을 말입니다.

우리 대한민국에 왕성한 생산이 이루어지는 여름의 때는 앞으로 20년 뒤에나 찾아올 것입니다. 그렇기에 취준생들을 포함하여 오늘을 살아가고 있는 모든 세대에게 섣불리 어떤 희망이나 비전을 제시하기란 사실상 어렵다 하겠습니다.

하지만 그렇다고 해서 앞으로의 시간과 세월을 너무 두려워할 필요 또한 없다는 말씀을 드리고 싶습니다. 독자 여러분이 이 책에서 하고 있는 말들을 나름 충실히 이해하고 납득했다면 미래의 시간과 세월에 대해 너무 걱정할 필요도 또 지나치게 두려워할 이유도 없다는 것을 이미 알고 있을 것으로 믿고 싶습니다.

이 세상에 태어난 누구나 자신의 때가 있다는 사실을 알게 되었다면 저마다의 삶에 대해 전혀 두려워할 것이 없다는 것 또한 알게 되었을 것이고, 이에 좀 더 시간이 지나면 삶 전체를 큰 눈에서 긍정할 수 있는 마인드 또한 가지게 될 것이라 저는 믿습니다.

제가 이 책을 통해 독자들에게 간절한 마음으로 전달하고픈 메시지는 사실 단 하나밖에 없습니다. 인생이란 누구나에게 참으로 경이롭고 즐거운 여행이라는 것입니다.

24절기표

봄	2월	**입춘(立春)** 양력 2월 4일경	**우수(雨水)** 양력 2월 19일경
		봄의 시작, 운의 바닥	비가 내리고 싹이 틈, 움직임이 제일 적을 때
	3월	**경칩(驚蟄)** 양력 3월 6일경	**춘분(春分)** 양력 3월 21일경
		동면에서 깨어나 심하게 배고픔, 빈곤의 때	빛이 길어짐, 희망이 생기는 때
	4월	**청명(淸明)** 양력 4월 5일경	**곡우(穀雨)** 양력 4월 20일경
		농사 준비, 하늘이 점점 맑아지고 밝아짐, 새 인생의 절기	농사비가 내림, 용감하고 씩씩한 때

여름	5월	**입하(立夏)** 양력 5월 6일경	**소만(小滿)** 양력 5월 21일경
		여름의 시작, 오만잡것들의 계절, 생명의 계절	본격적인 농사의 시작, 간절한 때, 운이 풀리기 시작
	6월	**망종(芒種)** 양력 6월 6일경	**하지(夏至)** 양력 6월 22일경
		곡식의 씨를 뿌리는 날, 보리 익는 계절, 자신의 깃발을 올리는 시기	1년 중 낮이 가장 긴 날, 급피치의 성장, 뭘 해도 된다는 기분이 드는 때
	7월	**소서(小暑)** 양력 7월 7일경	**대서(大暑)** 양력 7월 23일경
		여름 더위가 시작하는 날, 에너지와 열정이 굉장히 많은 때	더위가 가장 심한 시기, 에너지가 넘치고 야망 최고인 때

가을	8월	**입추(立秋)** 양력 8월 8일경	**처서(處暑)** 양력 8월 23일경
		가을의 시작, 한 해의 중간, 개인의 모든 것 완성, 가장 행복한 때	일교차가 커짐, 수분이 많은 때, 제일 스피드할 때
	9월	**백로(白露)** 양력 9월 8일경	**추분(秋分)** 양력 9월 23일경
		이슬이 내리기 시작, 자기 인생의 결실이 맺히기 시작	밤이 길어지는 시기, 희망이 조금씩 줄어드는 시기
	10월	**한로(寒露)** 양력 10월 8일경	**상강(霜降)** 양력 10월 24일경
		찬 이슬이 맺힘, 성취한 사람의 계절, 인생에서 가장 화려한 때	서리가 내리기 시작, 모든 정기가 응결되는 때, 수확의 때

겨울	11월	**입동(立冬)** 양력 11월 8일경	**소설(小雪)** 양력 11월 23일경
		겨울의 시작, 벌레가 동면에 드는 시기, 이때 동면에 들지 못하면 얼어 죽음	얼음이 얼기 시작, 자세 해이, 뭐든지 거저먹으려 함
	12월	**대설(大雪)** 양력 12월 7일경	**동지(冬至)** 양력 12월 22일경
		눈이 많이 내림	연중 밤이 가장 긴 때, 빛이 가장 짧음, 물러나야 할 때
	1월	**소한(小寒)** 양력 1월 6일경	**대한(大寒)** 양력 1월 20일경
		겨울 중 가장 추운 시기, 열도 습도 없음, 에너지 없음, 무기력한 때	겨울 추위의 절정기, 가장 힘이 약할 때

당신의 때가 있다

2022년 9월 10일 개정1판 1쇄 발행

지은이 | 김태규
펴낸이 | 이병일
펴낸곳 | 더메이커
전 화 | 031-973-8302
팩 스 | 0504-178-8302
이메일 | tmakerpub@hanmail.net
등 록 | 제 2015-000148호(2015년 7월 15일)

ISBN | 979-11-87809-45-6 (03180)